SOPA DE LETRAS

— FÁCIL —

PEQUEÑO FORMATO

100 Juegos | 1 Juegos por Página

Letra Grande Con Soluciones

NÚMERO 3

I D K E O V K S N Q N M V R D
Q P A Z S F S O T O Q L A X W
O P L O X N R X C G M F V E K
M R Z Y C O T B F Y W J R C F
G F L H U T X M Z Y Q X J P I
B R E J Y G M S W V K K D X O
J F J F D U S C R B N R H G G
U W U W N A L G O N A Q Y F F
E P P V L S M B J E J L C P P
D I I M L E L A Z U T A S O K
W U A F W A F O R N I Q U E D
R D S I N R K A C A R G A J M
O E E C I E R A B A R R A D O
N A H H Y E M J M U S L I M E
A V B W K B Y K Q E Q U A A M

ABARRADO	AMARARLA	BLANCH
CARGA	FORNIQUE	GUASEARE
JUPIASE	JURARE	MUSLIME
NALGONA	SALMADO	ZUTAS

```
P B S T U J R V D O P G E Z G
D V L B W A Y X Y F G K D H J
B V J Ú N T A L A S M K D V L
K S D A H Á J O K V G W L U I
S G B R U O C G P Q M Z X C T
C J U N A S T E K U W M L B Q
L Ú U I J B C J N K U Z I K U
U N F N G I A I R O G D G J H
M T P O T N D Ñ L U S U C A H
G E O E R E O G A U A V C X T
I N D L A O R L U R T C O M R
H L E R M H F O É L E E S H E
J E A B O O N A S U F N Y O V
Y I M I T E T W S N T Z I J R
S E R R A E I P O N C C X W Y
```

ABAÑAREN	FOROFAS	GUARÉATE
GUIGNOL	IDEARAIS	ILUTE
IMITE	JUNASTE	JÚNTALAS
JÚNTENLE	JUNTEROS	NÁCENOS

J D Y L F Q T V W G Z G P R M
Y Z O E E J J T W Z N M R M I
V Z H J T K K P D G V K Z A W
S X G U I A R L O S B U P Z A
K T U N S M R G Q K G J J N B
F G A G J M A Í Y R D M K K S
I J R L U K A D A C Q N K O R
F U O A P A H N A A A H W F E
B Z L D I I R R Z P J R P X P
J B A A A H M E Y S R B R Q X
S U S J B O K A Z A U L U A N
O A F N N U K S N C Y J W P L
A U N A C A R A N A O T T C K
N R U X B D S P U C R K V F W
F Q Q X W P I L D Q H É D Y P

CARMONA	CARRAL	GUAREZCO
GUAROLAS	GUIARLOS	HUSMAN
IMADA	IMANARÉ	JUNGLADA
JUPIA	NACARAN	YETARÍA

S P Y P S R H F W M U R B P U
P F S N O R S H N B M W D U R
Z W W K J L B H M X T T U N E
A P R L I N N A X V V G A E D
Y H I E P G J Z N P C I G P G
S L V A G B G F F Í B E R O S
J I C W C A D I N O D Y E S O
R Ú Y L J U M T A Z R P M A I
N H M A F B C S G P D F B N L
C J Ú A U B Í T H T S A A K U
D T T Y L W Y Z J X J N R I S
N W A T C A N I C I É L G V T
Z I L J L C S I N A Y G A I R
J M E D E I M A L A T F S E É
A L S O V W S O Q O J E C R Y

ABAJINA **BÍZCATE** **EMBARGAS**
FORFAIT **ÍBEROS** **ILUSTRÉ**
IMBUYA **JÚMALAS** **MÚTALES**
NAIBOAS **NANÉALO** **YESO**

B T Y T D R L Y J L F H F Z K
C H G H S K S T R O K Z M X X
Z Y T J F T X S I S Y I I M I
R G Y B N E Q F J U G A M O S
K P E F X C U I Q N U B A N Y
W Y O I Y O R I A F A A N Ó S
F N N F Y W F C C N Y R Ó T A
U A S V B Q E Z A E A C H A J
A L E B C B A P R M C O B T N
E G O B A T E M G B O E O E M
H Ó E D S L A Z A A L V G S M
U N Q O O S M G D S O E C F C
A K Z S E S L D L T C K J I X
C U C U G Y A R O O Y T P Z A
W D W W I E M S N N F K N Y P

ABARCO · CARGADLO · EMBASTO
GUAYACOL · IGNACE · IMANÓ
JUGAMOS · LODOSAS · NALGÓN
NAPELOS · ONÓTATE · YERMASE

B Q A Z R X T Y P F J U C O R
Y I M B U R S A R T Ú J I N B
H W Z J U A K G B J N S Q C K
Z C Z Q B M A U P Y E V N M A
Z F J H U R T A S E N T C D X
Y O O Ú Ú E B N P F L P T U B
A R F R P N E A I M O E T P R
J R P T N I G S B B S V T U E
U É Y E A Á A A B A R R A R A
P A Z L L Z C L R U L J T M L
F L C A K L H E A O M E M X A
F O S F O R A R A V B S Á P T
K X G Z X U N I J A N K Q I M
Y R F C F W J R G R W A O I S
Q R I O S Y W F K S G T D A R

ABALEÁIS	ABARRARA	BIZQUEES
FORNÁCEA	FORRÉALO	FOSFORAR
HÚNGARO	HURTASEN	HÚRTELA
IMBURSAR	JÚNENLOS	JÚPIALA

Q J Z W C Z O F R O B O O X H
C J X N Q S L U Y N H V H P X
O T D E G W P T T J J P J Z U
E C P B H N Z F Q I H N X F N
G J N O I O X Ó P Z R B B Z Z
S A U A O Z H R B L P B X E R
L C I M N G M M O X O H A U I
X A A A A G U A Y A D O S A W
R R P R S M N L R A O Y X B B
L I G Á I E O O V E U T L A M
U A W I S A V S H L N T G S F
L R V S B P R Q M W G L Í T W
N S O Z T C E Á V P N I H A A
C E F M A D C S S H J U K D S
Y T J U G A R L E S N M F A G

ABASTADA   AMARÁIS   BIZMAREN

CARIARÁS   CARIARSE   FÓRMALO

GUAYADOS   JUGARLES   JUMAMOS

LOANES   PÁSPESE   YAUTÍAS

S K K Y U P Y Z I I L K H D G
Q X M V C F H S E Q D J K I C
S D M M P R E A X W D B G O M
I R E R C I Q M F M O Z J N X
W X V N B R P A U U E K C P K
I W K L G F J R Q W B G F W A
Z P M E Z U U A B I Z M A R A
D G C I Ñ P E B N A R R Á I S
U L G A W B C A R T E L E S G
Z O N D L Z M S N R D W H R J
R U M I D O L A T R O F I D W
D T I G S G G U A R I S M O E
R W V M A M A R A R E N K A Q
L C Q D H N A T E R A L S P H
Q U A J Q S H A E Y H Z W H E

AMARABAS	AMARAREN	BINAMOS
BIZMARA	CARTELES	DENGUEAN
GUARISMO	IDOLATRO	JUÑAN
LOGRE	NARRÁIS	NATERA

G Y Z F T L D N U C N X O N J
J P Y Q S D S G H U A D O I M
V A P N T L W I Q K Q Z S G T
V S I X H L G T R V P R F Ü Q
I Y L V F Y D S A W I K W E S
G E N G H C X V Y A A P O D F
F H L J U G C A R I Ñ I T O H
S R P U I B A R R A Q M H S A
B B G R F O R M A R E N U X S
V P Z I W T É S T E S E S I I
Q M B T E F N A T U R A M M K
D X B O B S E D E D Y D A L J
V N M U X I L I C I T U D J U
A U V C K F O R R A J E E G I
S B X B J G S Z V V L I E S S

CARÉNELO	CARIÑITO	FORMAREN
FORRAJEE	HUSMAD	IBARRA
IGÜEDOS	ILICITUD	JURITO
NATURA	OBSEDED	TÉSTESE

O W B Z P R P N Z C Y S G X N
P P D V Q A S P I K P F B A F
U A O Q O N B X Q V P W T V T
O S N D P R Z J H U L R A B S
A Z Q P D N X Z U W D C T D H
H R W C M N D C A R É N E S E
K C A R M I N E S Z A N B R T
U A G H U B W B Í P E D E K T
Q R B I O S I D A Y K E O B W
S V O Q I Z K I Y N O N L T T
X A O M C A R R E Ó N I Q B O
J L C A B Á J A L A E E R W N
H L M Z I D T R D P C G I V I
L O D A Z A L K C G I U H T L
S K H Q I V T B L J Ó E S M H

ABÁJALA	BIOSIDA	BÍPEDE
BIZCAMOS	CARÉNESE	CARMINES
CARREÓN	CARVALLO	DENIEGUE
JURADO	LODAZAL	ONECIÓ

Y G E N V J Q D B K Z V O U X
T W P N X G G J E Y Z U S O I
W I J A D A S H J S H S D C C
U X L U S H P Z I F W A B T G
S J R J R T L K I C I S N T E
K M P H T D I Y R A Q H X I Y
C N A S C Í A C A S C A R E S
U Á B W A H D N O P L O Y D B
B R Á A R Y D P O K A Z M H S
D R J G U A T E K S P R I F M
K E A E R H K R O M P R Í R N
G S L H A B Á S T A L A J A D
I E E Q R E L T G M Q W J M G
H U S M E Ó H O F D E B N T L
D T Z F Z D N O D G K R G V P

ABÁJALES	ABÁSTALA	CARURA
CASCARES	GUATE	HUSMEÓ
IJADAS	JURDANOS	NÁRRESE
NASCÍA	PASTICO	YAPARÍA

```
O A V U H N G G X J P M Y W L
U X M W Q W W M E F R W L X P
U J S B D H A U Z K I M U K Y
I E M R V X Q E K I U N C W K
Z E S G C G N E U C O A Á P W
H A D I A J I B B X R T R D I
D M Q S E U U A E G G Á P G Y
X D M B C D V S A P Q N A X U
M F Y I V E H R M B O O L Q T
U D J Z M N A N C E S I E U I
Z E C M U T A R É U S P S G Q
Y D F A J U G A R O N A V V F
V S H R D D U V S C T Y S F T
R J F Á I O A M A R C I G A E
U Y N N Y S Y E R R O W M W T
```

AMARCIGA	BIZMARÁN	CARGARA
CÁRPALES	DENTUDOS	GUAY
JUGARON	JUSMESAS	MUTARÉ
NANCES	NATÁN	YERRO

J X S L U U W A I W M C I E T
A F G W Q S E T J Z M N B N Q
N G Z A M L P T Q F F F D B P
F R U C M Y E Z E I P V I N P
E X S Z Y A D G M H T E Q H A
F Y T Z Q K R U N H A D Y N I
X L F B T Z C A R R O C E E M
U F U S P F H Y R J P O I B M
M X I J L W O A Ú E L M I I Q
R T H G Ú M M R Z R Í S L Z J
I G Y B Z M A L T T T O U A T
C P B Y C T E A E U B T T R K
L Ó B R E G O N R O I V A R E
A E Y L C H O Í S Z E T V E E
R F A B G S S O J E N J A A S

AMARARE   BISTURÍS   BIZARREA
CARROCEE   FORTUITA   GUAYARLA
ILUTA   IMÍTENOS   JÚMENSE
JÚRATELA   LOBOSO   LÓBREGO

```
Q J B O Q B E K M N C I Y D L
X V A S J U B J H H M C J Z N
S C K L T S G N Y B J F Q X A
U J X W R N Z H E J Z F O O N
I U T P X H A P I D M D N N J
E U D B K P S B Q S D R N I E
H T H M S D Z G M I B C Á B A
F Y E G F B H J U D I A D A S
F M Z Z K V I U T E L R A R A
F O R R A D O S A A Ú I L A F
Z W Q Q M N O T R R D O A K U
K I C W C O V O E Á A C S I H
C O S Y Q T M R N N N A K N M
D Y Y F C K B Q H I M I T A O
D L G X T G K C A R E C I D A
```

CARECIDA	CARIOCA	FORRADOS
IBARAKI	IDEARÁN	ILÚDANME
IMITA	JUDIADAS	JUSTO
MUTAREN	NÁDALAS	NANJEAS

F T A Z V U L K C W D Z G D U
F U E G C Z J U H H L J Y O J
B H A H T U C J Ú M E L E X Z
R Q H C P O E R P E F H W H X
M P B I N É G B G X O A S O M
H S A I C A R R O Ñ A N P V I
C B C I L U T A S E N A V W V
A K N O O D J J V M A P C W U
T F S V G B U M F B N A R H M
L N A Q A G N W D A É O P N P
C Q L H R Q T U H R E H S F I
V G M O Á G E Y O D S D W X T
M R E P S Q M Y U E E J T L P
K W E N I S O A Y N K C C J D
G C N J V B S S Z F I V W T H

BILDU	**BINÉ**	**CARROÑAN**
EMBARDEN	**HÚRGALOS**	**ILUTASEN**
JÚMELE	**JUNTEMOS**	**JUPIABA**
LOGARÁS	**NANÉESE**	**SALMEEN**

```
F Y O M J I E I D Z M C J Y J
T A H J P R R E U Y C I K C O
U X V B D É M O S L A Z J P A
D S L B Q U P A O X R T P J Y
E B Z S D I L C H B N A A W Z
D X R A L M U Q U A I K L Í J
J J S L E T D H F N Z R R C S
Z E A O O S J T Ó O A W L G S
C S D R U K A N R B L O U Ó J
Y E N H G S V W J J K P U V N
M N C Z Z L R Y E S O S O A O
K K S M Z X R I N E H R M M W
T X N F U E I M L O D O S A O
Q J C O J F B O O S H R B E D
K Z H C F Y C D T F L V X L V
```

BIRLÓN	CARNIZA	DÉMOSLA
DEMUDASE	FÓRJENLO	LOCUTOR
LODOSA	NAFTAS	OPILLAS
SALMEO	YATAÍS	YESOSO

G H C V T S Q S R G G J V R M
A I F W B X S A F A L V W A O
D L Y Z B P U O Q G N G J C H
Q Z S C G D F I D T V D L I S
I I M J U N T I C O Z X G I K
J F U H U P F O G K F W Z K S
R Z S W D L B T E U O C X G V
C W F Ó R M I C A H A W T W Z
Z M T X O U B E B T U L N R K
Y T E J U Q U I T O W N A K R
H U C L O N S W B A K O L N J
G H Z A B A L E E Á E A Y Ú L
U K F Ó R M E N O S Ñ V M H K
T G F O S A R L A O Y E R T A
G A S Y K I P L U K L Z Z J E

ABALEE	BISAROS	FÓRMENOS
FÓRMICA	FOSARLA	IBÁÑEZ
IGUALA	JULIETA	JÚMEL
JUNTICO	JUQUITO	YERTA

```
X S K O K H W T W O V K L X A
G Q J J F A H H R E T L G B M
B Z I I Ó L P V V V D M A I L
K I I G R U O T L N I N E T L
C J J D R D U Z H N E M A I U
B J N N A K F G F N B P R N X
S W B B N P U C O A L B H I O
C R S I O A J Ú R E M E L O U
O C G R S A N D R R I T M S K
T D J C H B Ó C A R I S E A A
L N A B Y J I B S B A A T H X
U S Q N N P A S T J V O R Q Q
C T Z O Y Ñ V D E N G U E A D
M Y M D E M O Ñ O C H K X F H
U O O N E S A K B R E A S N J
```

ABANEN	ABAÑEN	BISBISE
BITINIOS	CARISEA	DEMOÑO
DENGUEAD	EMBARDÓ	FÓRRANOS
FORRASTE	GUASCAS	JÚREMELO

U Y T D Q L G C J B G Y P Q G
U U G N A R K O Z N U J T L N
Z B C T F H P I Y E G U A X V
I O L G O B L A N C U R A Q O
H I M A G I N E I V I S G Q X
F G U B U S B G J B A F T B U
M N S A A T C G U D R U N Q D
L O I C R R A B N M É T D Y C
Y R S E I A Q H T X J A A P H
I Á T R C E A V E H X I V M C
E I E A H D I I G A I T I I S
Q S U F O S A R Á S B Q L H A
H M X Q X I Z I S Z G B M E V
M I A O J Z X A X W S E X G M
V O F A S R D W T O V R Q R X

ABACERA   BISTRAED   BLANCURA
FOSARÁS   GUARICHO   GUDRUN
GUIARÉ   IGNORÁIS   IMAGINE
JUNTE   MUSISTE   YEGUA

C K S Z X B F E I J X A L Z G
O G H R I N K B E P M C R P Z
N C Y J I K O O L D G K X P X
R R U W U Í F Z J I I T L C Y
A G S U D R X I S K D N V O Y
O Y O M S K G C K Q K L R K X
W O E K Z S B I L I A R B T L
D L B T W K D I N M N S G J E
E Y I B A R R E Ñ A N U Y U T
M U S Y É R M A L O S B K G D
U W E V K V A B A D E J O Á L
D E C X N P D N A R R I T O W
A V O S T U W B C J M E R S S
D D L K C D E R C P C J F L T
A Y O U K P T M P F Y V A O P

ABADEJO   BIJUGO   BILIAR
BISECO   DEMUDADA   IBARREÑA
ÍDMELE   JUGÁOSLO   JURGINAS
NARRITO   YÉRMALO   YETARAN

G R E F Z B Z O J P D U R V C
Z I T L T S I P P P O N A A I
N A I Q K B I W Q L M A R C L
M D A A W Q C A H K B P M J Z
D J M O J E R W G A I B C L V
O I F C U O F U C D S E A W C
D R Z A N C E O A L É S R D Y
B N P F B D R S P I L E Í E X
O T R T E E C A R R E T E L N
G S W J S M J A I R L I N O B
I S Ó A P U F H R K E E L B N
M N P M M E A Z N I C I A E C
B U H A D L Z G J I B O J A G
E H B X B A A J U D Í O S R J
G A W H U S M E A S E C U É Q

ABACORES BISÉLELE CARIBOU
CARÍENLA CARPIDAS CARRETEL
DEMUELAS GUEDEJÓN HUSMEASE
JUDÍOS JUMABA LOBEARÉ

I U B D P V R Q U U A M H U Y
F X Y N K C H J K J C Y D B X
I P F B S S G U A R É N W S Q
D T C P C M M N Z E T M H G B
A C C A R P E T E O H Z Y B D
T A A A S Z R I D I L I O D U
I R R R R P É T E N L O B C L
V R L D P R F O R R A B A S R
O A E E X I E S R J B S R U S
I Z E B R L D T A Y A Y V N E
B A S C T A L O E J J Q Q V R
D J C C P C E F S A Á F B N Q
A S J B Y I U I U Q I M T O C
Q G X S H Ó L Q Z B S I W X G
F A L G G N S T O O X I Z V K

ABAJÁIS   CARLEES   CARPETEO

CARPIDOS   CARRAZA   CARRETEA

FORRABAS   GUARÉN   IDILIO

ILACIÓN   JUNTITOS   PÉTENLO

C T V F U H W A I V M N H X M
Q H G G X X Y P N J A I U G M
X V N Ü C S N Q M U H M D N C
P Q D I L U D Á I S H R T N U
I Y W N B B M Y W I C N Y N Q
R U S C N X E K Z D C F E Q M
C M K H S W I T Z H N Z G X U
J U J E A R E N J Z D G L V H
U U Z N B P I G Y I C S F U K
P Y M C A R I O C A R O D U J
I P K A D R I X R T R J B U J
Ó G X S E C I E B J I A L H A
L B U C N L Z N É U E F C U E
R V W O G A F I A T H U T U S
J D E S O C S A Q S L R O N Y

ABADENGO   CAREZA   CARIOCAR
CASCOS   FORJÉIS   GÜINCHE
HUTUS   ILUDÁIS   JUJEAREN
JUPIÓ   NARINAS   YARACUY

P G S E O K H D A T C M G F J
T Ü O T P J Y H I T B D N K U
J I D É E S E L A T E N N M O
K L E C R F F B I L I N E A L
N O N C A R E T I T A N U S H
U T G A R R A O I S E Z N W P
E A O R E I I G L Z M H X D M
Y S S E Z S V Ñ Q V F A A N U
G M O S Q L P X A N V B R F P
G U U T D C E W X I T A P K O
B G I Í M R L D B C W R N D J
T H C A R R O C H O L R M C R
H C I Q I W A V Z G R A I W H
G W J A N S H O H X X J D N V
F F D S H R C P B H F E S H D

ABARRAJE

BILINEAL

BISMARK

CARESTÍA

CARETITA

CARIÑA

CARROCHO

DENGOSO

GUIAIS

GÜILOTAS

IDÉESELA

OPERARE

K F Q W S Q J J C I J W Y W G
W D B Y Q I Y O J V I D B V T
E M I T P Y R A E G X P W K P
S S F M A F A K G S P M M V Z
D Q I V E N K I D G A O F N N
A B I R L E N S M W S D G X O
X I I G N O T O I B G Y D J O
B S X Ó V F T T L F U E U C K
Q E B W L F F Y O E M R L K G
S L I F C O U M Q U A G S V B
T É N F R R G H D R P Á K A C
F I A E Z Z A A É D G I S M D
L S S S S A D Q I M W S J A U
F T E C A R T I C A S Z P Y M
É D S T K Á S X Z P V A T W U

BINASES   BIÓLOGA   BIRLEN
BISELÉIS   CARTICAS   DEMUDAD
FORESTÉ   FORZARÁ   IGNOTO
IMBURSAD   JURARÉ   YERGÁIS

L W P Q H S F G W W O E D P F
I L N P A S Y I U V W W F J G
G R J Y R M W Z J A M R Q U P
I W D V N G U A Y A R É F Y U
L J D Q B T B T B C C E S L F
I L K B A A L I A A P F R Ó S
C Q K N R Y L R R R D B S O S
Í K A R E M I R Q K R E A O S
N H O F A M E A I H N F R X I
E T U R B T U A P O X L G N R
O R L E E A B A S T I T O I Ó
I E N Ó X V A V U U A W V K O
Z E G J D R L O P F W I G Z J
U O T H F Y M C N O H C N C K
I K Z T I P A D X B C W R A B

ABADERNÓ	ABARROTO	ABASTITO
BILMARLE	CARIMBEN	CARRETEÓ
FÓSENOS	GUAREROS	GUAYARÉ
ILICÍNEO	MUTAR	ZUTANA

J Y P N H Q I U Q C D N N P A
X E R S P N E L I Q G U A U I
T D B H Y A C J U C X B S U C
F S O W V U K L F D Á C C A U
B F R D B W V Z A L I A Í I O
H H O U X N N S E Y R R G J W
D L F I C U C L J E O P É J K
J P C O S Z A L L R U Í W P C
L W H U R S S C M R I A W J Q
V B T B P J C Z P A G I U G T
A K U M K K A J G B Í S E M E
Q G R E B G R R L F T Q W C S
O C U J V W A J L A L L K N C
D V B A Z A B L S O L X M F A
H W V X K C V E U Z N M A M L

ABÁLELA	**BÍSEME**	**CAREL**
CARPÍAIS	**CASCARA**	**FORJARLO**
GUAU	**ILUDIRÉ**	**JUSTASE**
NASCÍ	**TESCAL**	**YERRA**

J U A I K W K P D L G P J W Q
Z W F H C R A S M E I K E D E
U R C A R I O S O O Y M B B C
D L B M K Y O C D D G K O I A
U S F A Y G B D K O G X N Y R
V X T R L A G X B A Z X D D Q
A U G A T Ü T S E X V E Z B P
J C S D E X I Y I C E R I A S
W C A M X R E L O B I Z Ó N V
Z F B E L J U G A D L O V A J
M É A P E T I S A S P A H O A
S N L D A B A L É A M E N M P
O V A D K H O R S W D O M I C
P D O D X Z U P B R D G O R F
T R S L T H Ó P G E F X U O K

ABALAOS	ABALÉAME	AMARADME
CARIOSO	GÜEMBÉS	ICERIAS
ILUTADO	JUGADLO	LOBIZÓN
NAOMI	PASPÓ	PETISAS

Y Z E O N I N F X X Z Q N Z U
Q Q E L D V M D R A S W A N Q
A R W D O N J Í D C W S W E D
Y J E Q A J D Q T V M Y B G M
A N G A B A L A S E N R M A L
S P U F Y L G C F R N V Y H A
F T V G Ó Ü A F A J Y M P D I
M Y M V I R D N U S Z A E R K
J M G L R H M G C C C G J J G
G Ú L A H Z W U N O Y A H U U
B Í S E L A S A L D S Z R J Y
N C D T Q X E S Y A X T E E S
A H H I E S M E M G J Y R A E
R M F Z E L J E D A Q O M R C
O Y J O B F A S E O X D Y É K

ABALASEN   BÍSELAS   BLANCOS
CARRASCA   CASCAREE   FÓRMULA
GUASEES   GÜILLÍN   IMÍTENME
JUJEARÉ   JÚSTELA   YERO

P Q T X D H G Q N J U N Z A Y
O N Q A N Y K D U G R V I S C
C C F U J B E M B A Í R L O S
K S X F I O A B A N A D L O W
D J Z Y Y R Y B Z C M D T N U
P B J K É G F U A X P X I I B
W T O I T T A X J N P U Y E O
O W S P A O A I Y Z E C K V T
V Y B O M Q S L E F F A F A B
C W D P E Ú C X A F O R D J K
K D D N X B Y N D S R I R A T
E S N V L F U E G R N M U O N
W B C F G S X J L O E B Y K I
P M U L K F H N O E C A R E Ó
O U T H Q S P Y G M E S Q B Z

ABANADLO	ABANEADA	CAREÓ
CARIMBAS	EMBAÍRLO	FORNECE
JUMARÉIS	JUNZA	MÚYELE
ONIEVA	YÉTALAS	YÉTAME

P J R N P J B V F I K W J Z O
Q B R Á J J Y R D P P Z S Z U
I E O U I U G E J S F O X R F
Y Y V T D L M U S E K I C W L
V E A I B O D A C E L S N E S
F F H C Ñ J N F R S R R C B C
O Ó U O A D D O K E O A Y C U
R W S Q V R W A T G I D S J V
I V M E T G T I Y E S S C V S
G Y A Q M W O A X X S S J L O
U J M A Y E R A B A R B E N L
É O O E X U I Z T Ó R G H P F
L D S J M U J U R U N G O S P
X J U A J H E U G Y E D Y E F
G U G Z L D B T N R D H J V A

ABARBEN	CARTABÓN	DEMOÑOS
FORIGUÉ	FÓSEME	HUSMAMOS
JUMAREIS	JURUNGOS	NÁUTICO
ONOTES	YARUMA	YESERAS

X W V I J Y I G U I A D O Y M
J I R B B H U R O N E A X C J
C Á S E L E S R P D J M P D I
H A K G P C Z Q R Z K I O Q L
E J S I X R P G F W Y C N K W
M K N B I L I N G Ü E T R L G
B I S J A M O Y A R E Y E S U
A Q U S B W Í D J P G P D J T
Z X Y Z A E H T O D E K S D V
A J S Z L U A D E Ñ U A U G L
D H O U L A C O K N O T S H P
X L L N A Z N Q E Q S I D M R
O G H Z V T N R Y U A E N R H
Z M L U W K N Q Y U G J U Z M
R N B L X A S L A W Y X W K U

ABALLA	BILINGÜE	CASBA
CÁSELES	EMBAZAD	GUEPINIA
GUIADO	HURONEA	IMÍTENSE
LODOÑO	NAPEAS	YAREYES

F U F C O H K D X R H U H P X
U D Y O P H B I U A Y O R Y M
E M Y U X I M H H B Y M D A R
R T B V V I C G M T E G H G F
P P E R E W N I N M Z J N Y M
V X L S O A M U G Z Ú F T Q H
F Y U D L B U U V N P Q J W A
F Y F É U Y Í F C F Í Z U I B
K D C N H E B E Ó X U F Q M A
N A C M S J O U S R E Z U H L
Y H H E L S R W C Y R S I G E
E X I L U M I N A N G E L N A
R J R E S M I Y M O O I L G D
N M A S X Y J C S W P O A A O
A U D A Y X C A R N E A R Y S

ABALEADO	CARNEAR	DÉNMELES
FÓRRELAS	GUÍES	IGNÍFUGA
ILUMINAN	IMBUNCHE	JÚNCEOS
JUQUILLA	MUSGOSA	YERNA

V V L Y C W G U U R A G I Z R
G E F Q Z P A Q F F Q N W R H
N X C X Z F E P E D U W U E C
A O B V I S U Z B V F B D O R
A Y M J G J V M B Z I G F H E
A V V Q Z V M V F R Ü H C V M
B R G F V D U Y R I A B K F B
S R D U S Y P E M B A B U C A
G W W C D J T B D V B J L A C
F L V Q U E A E E N A P D R H
F V N O S S M Ú T U L O S I A
I G N I T O S W X L A B N A N
B X C A R E N A D O D W A R Q
J U G A R E I S V M L C K A W
J U N E A U C X Z A E S K S O

ABALADLE	BIRRETES	CARENADO
CARIARAS	DEMORAN	EMBABUCA
EMBACHAN	GÜIMBAS	IGNITOS
JUGAREIS	JUNEAU	MÚTULOS

```
N Z V X S K A K U Y V Q P X S
X U X H L S Q G F Q Y F J D G
J Q X I B Z D S T R R Y H T U
K V K P G C T W N N N T U E I
H A T N M R C F O K L B S R A
P M Z P P O L C E B X Z M Q B
P R V E J S F U R L C C A M A
H I W F R O T U D Z E I D B I
U M X X E R R P T A D C A I S
J I F N A N E É I S R D S S W
H T H T O T C A R R E T A B L
D E Q P E X A C A S É I S I Ó
Q M T T V D Í Z A L O A R S E
Z O E F O H D S E R Y U T A M
Q S I S L Q O E C M U F N D E
```

ABADESAS	**BISBISAD**	**CARRETA**
CASÉIS	**GUIABAIS**	**HUSMADAS**
IMITEMOS	**LOARSE**	**LÓEME**
NANEÉIS	**PETETES**	**RECAÍDO**

D P H Y I K X A F F F P P Y J O
A W R V W S A G P F O T I C M
K B I S E C A S E S M I L Y L
O P I L O U R V E A S F E K M M
A A G F M J V D R S T S X Q I
H Z D H U Z U T U J I L J U T
Ú Y C R S R A S M U T X E F L
R L A B Í Z Q G T Q G X D X H
T D R Q A B T U N A N I T O C
A J G R I C I A É G B J H C J
M X A O S K O S C M G A V B F
E Y D J Z K Y E E V O G S I H
N M A W M L J A D L L E O A J
O B N S R V H V V F E B D U W
Q E W Q Z I X A F X M N Z Y T

BIFURQUÉ   BISECASE   BISELEN
CARGADA   GUASEA   HÚRTAME
JURADA   JUSTABAS   MUSÍAIS
NANITO   OPILO   ZUTUJIL

A F D I M O I I C H B H N O G
J M U P H J U M A R M E K U A
V Q C S W W L B I Z M A S T E
C A A E Z U K Ú Z W G V N C V
U O W K T L N Y E R G A E D Q
L D O L O A S E G L K I O Y T
J K U I H B M L K E O Z B S Z
M C C U M A D A H W E X Z V B
D P A I G N O R A B A V J P Z
Q S B Y I D E A R L E S N A P
X O A T D E P A R E N J U Y F
F S D Y E R N I T O D P M X I
J Q Í X F Ó F E V B G P F O T
S A A Q S G O G E W I K E I V
F P D O S R R U X K C D N M M

ABADÍA	ABANDERÓ	BIZMASTE
DEPAREN	IDEARLES	IGNORABA
IMBÚYELA	JUMARME	LOASE
NAHUAS	YERGA	YERNITO

```
A T P E F K W F H K X E Z N N
C Y S I E L N S X U H Q E J O
R S R V V S J T G A J P G Z O
W R S R E J W N S Q J M P O M
C W V U V J L V F G P O Q B U
E U J P P J C P I M A N É I S
Z Y O S D A Q C M E B T D X G
R W I I J S P F B P A I D V O
R S C A R L E T A S L N G S S
T G O Y T L L S B S É A F U G
U P N C T D Q H U S M E A R É
Q V T O M U Y É R R E M E V L
Y I E G E E G U A S U S A J N
C Y C A R R O C E A Z X S U Y
E A I Y A X O T W Q W V F I Z
```

ABALÉ	CARLETAS	CARROCEA
GUASUSA	HUSMEARÉ	ICONTEC
IMANÉIS	IMBABURA	MUSGOS
ONTINA	PASQUE	YÉRREME

S I M Í T E L E G H H C W B C
N J F C F Z O Z G U I A D A S
S L K G B J G A O Y L S F T P
X S T N Á U R E M E Í C L X N
Q W O Y N N A O D S Q A T U I
Y L V K S T D G J L U R N V Z
X U P G U A A U U I E B R F
Y S H H Ú R T A T E D É Y I P
Y N L G I E G Y E C A W G I T
S G Q G L S D U S U R X X F M
R L R K H B J S A E E D Z B R
S W D F Q F Q A K R O L H K D
K J E Y L I L Q J G N H X C X
A G O V W Q V Z G E W I V B B
R E M F P E X K B E L C Ó O T

CASCAREÉ   GUARNIÓ   GUAYUSA
GUIADAS   HÚRTATE   HUYES
ILÍQUIDA   IMÍTELE   JUNTARES
JUTES   LOGRADA   NÁUREME

H I Z E R I U M V A J U Q D E
P W V Y I C G N E Q C D F T O
A Y M Z K T H O Y H O W K C J
U B J P W S M Q H W T D J S P
C A R P I E R E G A O M I L M
A A T X Q J W E W J K T K V O
S X S Y H E X K U P I N O K T
A N B C X B B G Ü I N C H E S
R S P I A K A Y E D D A E K Y
A P J R L R K F B I G A Q P A
I J E R N Ó Á I A O N L N I P
S D V O P H G S K T X D A F A
L G S K G H U I B I S O J A S
M D N X Z I S V C T R N B H E
I N T L Q U K A B A Ñ A D N N

ABAÑAD	BIGA	BILÓGICA
BISOJAS	CARPIERE	CASARAIS
CASCARÁS	GÜINCHES	IDIOTITA
JUGARNOS	YAPASEN	YEDDA

N M F O D D N M B K S I C C O
H W C N R N E F I M K I F Q S
R O G I N C A R R I C S L F V
K J U J E A D D D E C E Z K J
S Ú A H X R T E Y Y A J B P A
O M S Y T Í Ñ I C É M O S L O
J A T G T A Y S C E T L E N V
X N Ó Q R L B S L O F E O C O
L O G E H O O A V S Z W M R J
R S N J J V H G N V U M Z E P
O P K R B P Z I R G U A S T É
H F P N T W V Y N E A L M Q E
L L B N H E T V W M A D M T Q
F O S P Z F A W V H D M N B A
S J D S N R W M Y N H Y J D E

ABANGAD	CARÍALO	CARRICS
DEÑAREN	GUASTÉ	GUASTÓ
ICÉMOSLO	JUJEAD	JÚMANOS
LOGREA	NATICO	YÉTEME

Juegos # 42

K D C C T D R Q E Y Z E U O J
K X F D J Y S I R F L E A U R
S S D R T X K D N Q J C P B A
W C U A H M N J G C T Y B Y C
N D I I F P Q L L J V D I E C
W S C X H B D D R J V M V P E
J G R J Ú R E S E L A T A X F
G E L Z N M M P Z G N S L Q T
E D F V O Q C U O V T Y V C E
A E Z S M B W S T A B A O A B
H K T I M L M F D C Z D N S A
X R J Ú N A N O S E G C Q A G
Ó A S U E K A R D T E P R R R
G U I L L E M T V F N A Z E V
E R L Ó E N M E M B E L E S O

BIVALVO **BLAKE** **CASARES**
DEMOSTRÓ **EMBELESO** **FORTE**
GUILLEM **IMAGOS** **JÚNANOS**
JÚRESELA **LÓENME** **PASTADO**

S S D X X U R L B D W B R W U
K D B J R Z E M T C V V J L G
I C V B M S S J G J J I A F Y
E E W K D R O Q M I C B J A X
O X R A J L E K P S A W K T B
W L X C B P M X L S I I W Y W
D B Z A H Ú Y E T E L E J Z D
I Y S E Y V C A B É L L P E D
X E V A K Á R I C Ó N H N L V
B V N F S E Z E A O Ú U Z S U
N M K E M M B T I Y D N L O A
E M L M É R E O E A X D B O M
O O Z I A M O L R L A Í E N T
C L S N E Z A E O M O S U T D
N R F B I S A D O E Y L T N X

ABASTARE   BISADO   BIZMÉIS
CÁSELO   DENUDARE   HUNDÍS
HÚYELAS   HÚYETELE   ILÉCEBRA
LÓATEME   MÚYANME   YÁZTELO

W Q P N J Z V J P O J N L O A
N M L U L P U L H E V J M L E
G B T N O G O Y B L B I N T E
V Y R F O R Z A R S E O Q N W
I Q U S O X H E X B N V Z U X
H W I Z U R G M S U H H S T G
C T J K G C M B C A R L E A N
O Q H Z P U N A B A B U Y E S
I B V M S O R L N A F R A S T
O H T T J R W A Z T S Y A R E
R R A H O W C A R N E A R A V
K N J Ñ Y C G S U T Q I D F J
G M A L T D E B E B U X Q B P
H R Y H M K E N B T E W W E X
K J N P W P E U K F Y I Z Q J

ABABUYES	CARLEA	CARNEARA
CARROÑAR	EMBALA	FORMANTE
FORZARSE	JUGOSITO	MUSTANG
NAFRAS	YARE	YETE

N Y Y R B X R I I O N M T X V
J A F S W Y O U B Q N I P N I
Y F J U N T A D L O Z R Z M D
U D G U I A D M E H J M T O Q
C O G G J S I E E T T L C W B
M L W U M E S P J Y E V P B D
C C I W L S A B A R C A D A V
M B L B I S X M J A D J C J J
C D J D T C W L O G U A R I S
B R S E V L U H U S M É E S E
Q F Ó R D F P A S T E S V R T
M P M Y H U S M A R O S J U K
J E B I Z A R R E Ó A B R P J
Z U F C S N J N X D R G Y B Z
E M B A Z A R E C J C V D G B

ABARCADA	BIZARREÓ	EMBAZARE
GUARIS	GUASASA	GUIADME
HUSMAROS	HUSMÉESE	JUJEAMOS
JUNTADLO	PASTEÓ	PASTES

O J T S M F K C C M L N N U U
U X G X U B A F A V A Q N Q N
M U G Z F A A D N R F E Z W B
L K K J D Q P Q N Y T W C J E
V L S J W G E Q P Z R E E T H
B M Z S R U M J U J E Ó A Z U
T X Q Q O F Z J U T I B N D V
N U X C P B R H E N A N E Ó A
B D F L O É I S B L Q B J K J
X D K X M E T Z L I Z U A W Q
G B L S F I Y A C T R X I N Y
L G G I G O D F H A L I D T E
U S N O J O X S D W S C M F O
V V I S G V T L L R Y E D R A
W T X M O D E R E S L H N M P

ABALLADO **ABANE** **BIZCASEN**
CARTEADA **JUJEÓ** **JUNQUITO**
JURADLE **LOÉIS** **MODERES**
NANEÓ **TESTIGO** **YEDRA**

Juegos # 47

```
C J E B S Z T R F E C N Y W M
E J N N E T L T W F L R M U L
T Q L T S Y Y P N K N C L P U
V Z Z U M H R G U A Y O S R X
W E T Z C G J U N I N O X Z P
K D Z N X J S I M I T É I S Y
V X V K B N B L U F É E G I L
K M M A D V R L C U S S P U Y
N H B L F B L A Z Q E G O S L
J S C L Z K R O J Ú N C E A D
U Z H U Y R G S C U L Z W L F
J E M B A L U M É E O C G M K
A B A R R A J A I Y R P B O X
Y C A R E T O A O Z Y O I S A
O J L T V T D K R I H F S I M
```

ABARRAJA	CARETO	CARRARA
EMBALUMÉ	GUAYOS	GUILLAOS
IMITÉIS	JÚNCEA	JUNINO
LOCEROS	SALMOS	TÉSENLO

U Y L G A G K N V O I J R B L
C P I P D Q E I I C H R H Z P
U W K C B N J F J C N X T D E
L G N U D X M J G C M I Z N M
M U P F H I B W R L Q E N N B
N A A M Á N E C Z N O B S I A
A R M O C H Z A D X O B T B R
C E O Á U Ú H Í X M U O A J D
I A L A Ñ Y C P J O Q R L D A
D R H U N E P X J U L J M P A
O É N O N M N A E O M D E P O
S K D L J E W S E F G A J K H
Y O E H O L A S E S I M D M M
K S F W S O N A M A R A D L A
N I V M S S A K W O C R G C A

ABARLOES	AMÁÑENSE	AMARADLA
BITOQUES	EMBARDA	GUAREARÉ
HÚYEMELO	ÍCENLES	JUMADLA
LOBADA	NAAMÁN	NACIDOS

Z C A R R O Z A R A W S M B O
I P A S T I T O Q T B U I E V
U B I R I N G A S H H W V V I
E I I B P M Á Y T K R H R X V
P L F S O A B D Z A G N T Z C
H I O S Á N X U E Y D B T J A
J S R A O I E W Y L V F E Z K
X R J D R P S S F E O Y I Y V
U K A C A Á B B F R S S E Z Y
W T B Z D R N S M B E E U J Q
J F A R T T I I C U Y R M Y O
N G S W Z I T G E V S E U W Z
U Y Y P J A Y O A H D O I F J
O A Q V S C Y D L W P R B W M
O V K Y J E Q R W Z D S N T E

BILIS   BIRINGAS   BISÁIS
CARPA   CARROZAR   FORJABAS
FORMITAS   IBONES   IMBUYESE
LOARÁN   NÁDELOS   PASTITO

M A X L F V O C J N K J T G C
E A V B N D N U Y Y X B L Y E
X Q Z O C A R P I T A S M L Q
K M I E C V J U G A D L O S C
R G I A P C S J U M A B A I S
S Y T V R S L N A B E R Í A W
K Ó I R D A U F L F W Y H P I
N X F U B Í S T O L A S B O V
D H E I P D Y S V R C D B U A
U R R Y V S E G B V C E O L C
M L X I G M M N P K E S E E
É H X W O H B R U V D D J Y C
E T M S Y O E Z O D A V Y E J
M O O O M V B R S V A M V U É
E D R B W Q A H A U I D C V Q

BIRLÉ	BÍSTOLAS	CARPITAS
DENUDAD	EMBEBA	FORCEJEÉ
FOSEMOS	IGUALO	JUGADLOS
JUMABAIS	NABERÍA	NACATÓN

C H Q J R B R O I U W E T J T
Z T D Z I G F Q P Q O Y G O B
M L C F C F C S D R L U Y B F
Z Q S R P R N G U I L L A N M
P U A V B P U J D X J D U A A
Q L H W E I E P J G Z S L U S
F E K W N C P B L M R R I Q C
P T P C C A R N E R E E W S Z
Q W H O S O B S E C R É J N N
N A D Q O W H I U Q K U K C T
D W U W J C M N N X R D H F E
O E J P Z B J U G A R L O S S
S X U M U Y F O R Z A R L A J
B K S Y N V A M Á Ñ E N M E Y
N B O A K T E S T E E D X J Y

AMÁÑENME	CARNEREE	FORZARLA
GUILLAN	GUINCHAD	IMBUYO
JUGARLOS	JURARME	NABINA
OBSECRÉ	PASQUES	TESTEE

G X C J C C J N M L C W G Q A
H S H R M D V N D S Z S I G I
G I O F A W O J K T O D L K L
N U D Q Y R D W D R P A Z O I
G I A I V H C R N M M O C B E
R B M T Z O Y K L U U H B L N
E T J E A E I S E J O M V O S
V F S Y F C W M U S T I É X E
J F I B J S A M N T P M Q Y J
O J N X X N E S Q B E B F H H
Q S Q A E A W Q N X L A F Ú G
G G T S D C A R L É A T E Y L
J M C A R O Ñ O S O B I P A O
H Ú S M E N S E T N A D Z S W
A V D A G O E N J Ú M A T E Z

CARLÉATE   CAROÑOSO   EMANES
GUATACAS   HÚSMENSE   HÚYASE
ILIENSE   IMBATIDA   JÚMATE
JUMEADAS   LOCHOS   MUSTIÉ

```
F R T M Y Z O J M M T D V C J
X V M S N P Y Z E F R G E R Y
V V H R E X T Y G J U A N P J
U U X L I G E P J B Y W Z M F
A B O U Y U C A M F N T R P L
O R E M B A L S É Q J W Z B U
Z K D F Ó R J E S E J A F Í I
R I F X P U D N F J O V D S C
K Q O U O M N P Z U J V R A A
L J S G I A I E V G J S G T R
B N F H C A R E N A R E T E P
C B O E W Y G F Ó R J E N L E
J U R A R O S I J A T G A A T
C Í A K H X U I C I V S U H A
A Z D O M E Q Z G S V Y R L S
```

BÍSATELA
EMBALSÉ
FOSFORAD
JURAROS

CARENARE
FÓRJENLE
GUARUMA
NACERÍA

CARPETAS
FÓRJESE
JUGARAIS
NAUR

X A N C O V R X V K W U J O J
R I V X K W U L V J P Y P H J
H J J J N R L B R M R Z C D Y
G P N W G P V X Í N Y W X G T
P B C A R T E Á I S F Q E X M
N S G B Í F E R A S E O I E J
Y A Y A P A R Á N Z R S O P G
Q C A R L Á N P Y H V F E L H
V Z G L H M G K V L D W J L F
Y R E O B U I J G T X X Z T O
J N C E I Y S X C H J V F B B
Q Y T N S E I M B I A B A I Z
V T C S S R D C A R I Ñ É I S
D H Z H A O A P H R F F Z P F
O N F V U N C D D P T O A D X

ABARLOEN   BÍFERAS   BÍSESELO
BISSAU   CARIÑÉIS   CARLÁN
CARTEÁIS   GUINCHO   HUSMAR
IMBIABA   MUYERON   YAPARÁN

S T Q S O X H E K I X Z V C R
G Q K Q Y Q C R U L C T K R S
K R E B J S Q Q Z B E R K B N
T H T E C X K E J V D D N X O
X R N P C Z B O G A A W V B U
I E U Q B X B C Q K W H G F X
I I T K W L C H U R A C A N E
T B J V M V M M H U R A Ñ A C
C R G U I A S E I S T R H D A
T V F N T B U V S L H E E R R
L H L A L I C Á R E O N J Y I
Q M P B I S A D O S O A A M B
H G Y Í A G U P Y T H R D D Ú
V Q V E N Á U R A L E A W N E
L S T S O M Q D Z L H R Q J S

BISADOS	CARENARA	CARIBÚES
DENOTAD	GUIASEIS	HURACANE
HURAÑA	ICÁREO	JUTIAPA
NABÍES	NADE	NÁURALE

P Y T U W G U A Y A Z O J U P
F T G B U J U M A Z S C G L E
X E D I L P D Á R Q X B E U G
X N L S O A R C R E C T X F F
B L A E J S N I N E C J W P V
É F X C P F L D M Y L P G M T
R V L A V L G B E A M E F E T
B B M N A C E R L N M C S G G
A V T N B B N P Á A P E E G K
J I L L O L I R Q R N I S Z O
M C M C V M R D P R M C D G B
W Z H F T A M J W A X J A R X
V W S R T A I B E B E J Z Z F
F H J E B T V W B A K N K Q A
A Z P P U A X Y I O Q B M A M

BISECA   BLANCAZA   BLANDE
EMBEBO   GUÁRELES   GUAYAZO
GUILLÉ   ILLA   IMAMES
JUMA   NARRABA   NÁRRATE

```
Z Y G Q X E B L Í C E S E L E
T M L K O L E B L A D I M I R
M I Y F F X B H Ú R G A L A S
V V J X T O A K T É Y N B G C
P R Q I Z I M S Y E G Ü I T A
K B M S F I M T G N S R O A R
F W I Y A G V A R M B O M N R
G V V X G G R W N E L A B F A
K K A X M U J X X A R I O X C
B L Z Q E D I G L A S R S G A
B Q S K M O A L R E Z E Y V Z
M E O D U N G Á L O Z D N N Y
E T X U R B S I S A K F N E I
X M G A J M O O E K S D M O A
P D Z N I S S O R R U E H I V
```

AMARARÁS   BIOMBOS   BISELIOS
BLADIMIR   CARÉENME   CARRACA
FORZOSOS   GUILLASE   HÚRGALAS
ÍCESELE   IMANASEN   YEGÜITA

E G Q U C L T O Q L G T J C L
I B G T N T V J J O T U U C L
K A O W L Z W A B J P R K Y P
P V H K Q I J C F I M A V K N
G U H V R L X R A J R Q C C T
T H L Z X D L R L R P L Z L A
V B X U W K Á V I I N L É F E
O K Q I U S H X F M A A I I K
E X X V M M K A Ó P B B J C S
N N G V Ú V T Z R A A A L E S
A S L Ü T F U H J C Ñ Ñ D B S
B H H N E M D A E T A A M E L
T F M D L R R K M A B R L Q K
B X V X E A A Q E R A A F L B
Y A P A S E N S R S N X N K M

ABAJARAS	ABAÑABAN	ABAÑARA
BIRLÉIS	CARNAJES	FÓRJEME
GÜERAS	IMPACTAR	JUPIARÁS
MÚTELES	OPACLE	YAPASE

X R S G B U W B V F B Q Y P H
X P Z A R A J M A V B X O G E
K B R K X B N O Z N J G N C F
Q Y Y T J R H G U I U Á F N Y
C E P V U J J V G A D F M V J
W F C S V C N R T I I É C X V
H E Q H P Q I É R M Ó K A I T
J P Y V Y L A E R B N Y S M E
B B S B L L S L P Í F S A B E
I I Y A A U W T L B W A R U W
R W S A L O M A N I E I L I N
L T V A P Z X O Z T T O A D U
Í H N J Y A H P S O N N R O F
E C K T D O R W Z W M R I Y H
S C E N E U S Á O M K X L W Z

BIRLÍES	BISAYOS	CASARLA
GUATÉALA	IDÉAME	IGRILLAS
IMBÍBITO	IMBUIDO	JUDIÓN
NÁDIRES	SALOMAN	YAPARÁ

H G I M Z N K F Z S D A Q U M
H S H V I P C J J O B T S I I
I S E G I X S G I Z B M Í J V
I S S M O V V G P R V C Ú C I
E T I V A S X I S D E N T A L
Q Z V B X T F U F N A Y B R O
Q G O C A N I M S L H A E R B
W T U C Y G V E O G J Z N E E
Z H N A T A L E S E W L N J Á
L L Y S Y D K H R O X A U Ó I
A D E C B A U O R M J N T V S
G R L A J Q S R P A T S F P I
R P P B C Y U E R I J M R L Z
I N I A L U Q Í C R Q O K M H
F X U S R Z A A G R Z P P Y L

ABAJEROS	CARREJÓ	CASCABAS
DENTAL	GUAYASE	ÍCENSE
JÚNALO	JUNTICA	LOBEÁIS
NAJARÍA	NATALES	YAZLA

G S M B I K E J R B Z T Y L R
H I L T G M Y D R L O R M E X
O A F O E L V Y P K X J H M W
W Y O R O S Y W M B G D P C R
Y E X C L X U H F N R D G U S
Q P Q Z H U I O T S Y O S J S
H T G F L N R S I E G L B V J
V J U D E R Í A S I N C I N P
L U T X E U W B I F L O R A S
T N L A G U I J E Ñ A S O C P
O C S O B T E B B J O Q N É X
Y A D C A S C A J A L T D I G
N R S R Q S K V G Q L C O S A
L E E W B I T A S E S M Y U X
Y S G J N V D E Ñ A B A N C W

BIFLORAS	BIRONDO	BITARES
BITASES	CASCAJAL	DEÑABAN
FORREAS	GUIJEÑAS	JUDERÍAS
JUNCARES	LOASTE	NACÉIS

H V L A O K L V V D E V J A S
P I Q J U M E T R E O I V U X
A G U J U M Z G G M W F Y Q C
Z K L É E B J U D O S M A B I Z
B H S A W I G U A Z A Y S F H
R Y Í Y L A S J O Y P L V I W
E D C L K O N A G D G W G V S
O M A A S G Á T Y R O L J V O
L D R B R D B O C A M I F H K
O S R D A I B I S É C A L A R
G L A C T L Ñ V Z L M X D Y N
U M D Z E Z I O S E O H N F I
K O A Q Z P I Z O A R U P F M
A A X E O A X I Ó C J T F D D
J K F F D Z F J Y J I N A R B

ABALIZÓ — BISAYA — BISÉCALA
BIZERTA — CARIÑO — CARRADA
EMBAÍDO — GUILLADO — IGUAZA
JUDOS — JUMETREO — LOÁOSLO

G F F E L P N Y W P U O Q G X
L W E U I P T A G H N T S D P
W T V D D N M R W H Y Z A Q R
A E I Q S J J I T Q C T D X R
H Q O S P U J X U F H Q F N U
F U A K B P O A H H Q A Q Q B
N I C Ó N I C A S Ú R S C A Q
L C M W E Á N T Q Y A P Ó O B
Y S J G J I E M B A R C A D B
O H J E Q S G Y R L B C G E S
U S U L I W W A R O M T G N D
T D F O R W A R D S A X Y T A
I I B G U I J O S O S W D A I
E B H A B A R R E R T A P R L
O I W N A N S A F J R P C E X

ABARRE

DENTARE

EMBARCAD

FORWARD

GUIJOSOS

HÚYALOS

ICÓNICAS

JUPIÁIS

LOGAN

NANSA

TESIO

YAPÓ

T U X S K E M Q D C Z C R W E
K R X O U V W A K C U Y R G P
N Y M D Q K E F G P O M A F J
D X N H A P M I B Í Z M A T E
R I Z E O M B F D P C F R O J
B I U Z X Y A O P I L É E N G
G Y U J Q A L R G W C G T T J
H A A P P O S C A R O T A É G
O F E K Á R A H W J Q J D S U
T E V M Z S N I G L E S I T A
C W A M X H M N A R I N A A R
Y F V V Y X G U A T O C O F L N
L M W N T X G E T D C Z N E E
J D J F M O V J B E Q X E W C
D Y T B I C C C J I M H G B Í

BÍZMATE	CAROTA	EMBALSAN
FORCHINA	GUARNECÍ	GUATOCO
ÍDOLO	IGLESITA	NARINA
OPILÉ	PÁSMATE	TÉSTALE

L Q K G N Q P Z F K I J Q C A
V Y S B L F E G N B Z R R W H
D S Q W E S U P Í V K C V R G
G G H Z X J E G M X Q R N M D
V H I L Ú D A L E S H U B S U
H L K N E R Í H U R R A I Q E
F B I Q O G U A R R E A N B N
I O J S N R L B Z Z J I C N D
R Y S E T K W H V K A S H V A
U A A A B A B I L L E B A O K
B S R B S N P X T M E E S C M
O A A A Y E R G U E K E L N P
S H D R F U S U U J N F Y I A
U J L R D K F Y L I T D K I I
W V D A H D U R A Z W E L U Y

ABABILLE   ABARRA   BÍGAROS

BINCHAS   FOSASES   GUARREAN

HURRA   HURTARAS   ÍGNEAS

ILÚDALES   JÚNIOR   YERGUE

Q C L H G F W Z R X S I H H O
U E R J F O Y A G K Y P G M Y
P C G I A Z S D L G L E C B P
X D R G W S B E V L D A G L B
I P E I K P O L M E S B B E P
Z C X D O O S G M P Q A D Y M
N X Y L J J Q O L H I B C P H
D H G C Y E R B E R A I M F F
H F F A P E I C O N I L L O T
V P K R N Z X B A N G L F R C
B Y B G C Y W U O R N O S R K
I G U A L A D T P S T N O E P
D C D D E N T A R I A E O A G
U L C A R R E J E N V J Ó B S
E L A S Z W J J T Y O E W A F

ABABILLO	BIZCADLE	CARGADAS
CARREJEN	CARTEÓ	DEMOREN
DENTARIA	FORREABA	IBOS
ICONILLO	IGUALAD	YERBERA

O E A M J Q L O F E J K T Q D
H M U M Q O M O A P F S N B G
P C Ú V D G R I E G A F P Q X
O R W Y F R D U G H Q P A E M
W X T N A B Á L A L O S D I X
I F A R Z N A I P E R O E K Q
L M O N X V S W D H A X N Q X
Z N B I G A S E X E U H J C M
A A A I C R Y H F S Á C O W E
G T C X I H X V Q G H T J P G
Z U O R Ú D A K V S K A I B H
H R I Y P H Y L X G K T V C F
J A E N A L I Y E R B E A D A
K L M E D P O F P S L W B C Y
A B E S Y A É P S G O H W I F

ABÁLALOS	BIGAS	FORRARON
GUINDA	HÚYELA	ICHALES
IDEÁTICA	MÚYANSE	NAIPERO
NATURAL	YAPÉ	YERBEAD

H G Z I I O R O O L I T A S H
M U T A R M E X Z I S I B N A
L I R N M L O E Y E R M Á I S
L N Q T J M P N R Z V R L N U
D C A B A R R A S D R E A K Q
U H P X B S O E W A D D M S S
T O N G A Í T Y M Q I M E T T
X S A A N E S E X L E X Q C X
I W O S G F S E L L Y R G W T
B G P U A U X O N U O X R N D
U U M G O X I F B M H T T Y B
D F D C S U Y L S M E Q O J G
V H A M R L G D L U R R B T V
I G R C C H N D B Ó A F J B S
Z J K J R Z P M D T Y X L A M

ABÁLAME   ABANGAOS   ABARRAS
BÍSENME   GUILLÓ   GUINCHOS
HURTASTE   MUTARME   NADILLO
NÁRRAME   OOLITAS   YERMÁIS

K N W N F I O K Y E Z D H K M
J Y P F X B M L V C N Y X E M
P V Z Z S C I Q T N E R V B K
Q D V E F L Z Z P V G X G F U
O C R I X N N W C E J A N A A
A V L Y D T X U I O I S U N Q
E Y L S C U M G M Y C G C R M
L T U M E C X G Ü E C H O S W
J E E J U E G U E S K Ú O I V
R R T B I Z C A B A S R Z P O
D K X E V G Z Y N A L G A S H
C R S C A R G A B A N U B Z C
I W N J H K G S X J D E N I A
X I H F O R R E A O S S W M C
W E E Z N Á U S E A S E S Q K

BIZCABAS   BIZCOCHO   CARGABAN
DENIA   FORREAOS   GUAYASES
GÜECHOS   HÚRGUESE   JUEGUES
NALGAS   NÁUSEAS   OBSERVE

X J W I L U X V A Z Q W X P R
C Q W J O F H J U K A T F L Z
M N J U P I A R J Z P N R Q Y
X N Ú N Z W Q E Q F V S A L K
K I P A S P A J U B X G L L Z
J U I N A Y S B Z H U O B Z J
U D E N T O N A A S K J E L D
N C L H S C P Z C Ñ X B Z B N
G C A R T E E N M Y A W M B C
L D G R M U F E D U O R R F O
A D J B L Á N D A M E Y Á N R
S L I I M E K R E I V E F S T
V T W G U Í A S E L A E J N A
E Y S D F O S R G T O Y W U B
Y S Z I M W P W É X O W R B A

ABAÑARÁS	BITE	BLÁNDAME
CARLEARÉ	CARTEEN	DENTONA
GUÍASELA	JUINA	JUNGLAS
JUPIAR	JÚPIELA	PASPA

```
Z E V C W X Y A R M N G V W F
A A Z G M T X U J X R N P B G
A H Q J K W H U C A T A L H X
A V Q W M D R Á U E Y W K P I
D Z V U H U S M E E N I O N K
I I A Y N A O A D N I S A W T
R B B G S G Ü E L D E S B P Y
R U A E U V U Z C L B H C S J
D N L A R W F A K I E M M O X
M O Z C X I R O T M B T B C R
N Ú E E G I L U O E H B E Z S
J S P V A O M L O P A L I Z O
N B U R I E O P O S H R S X G
F S É X N A U T A S V S Á D U
N K X F Z M P A G Y W D L W U
```

BITUMEN	CARIARÉ	CÁSASELO
GUATEARÁ	GUAZÚ	GÜELDES
HUSMEEN	IBERILLO	JURUNGAN
NAUTAS	OPALIZO	SALLETE

V W U F F H G X U W Z P D M Z
X L G O W I D A L Q H R B F G
I E T H E G Q A G J U N I O S
X I H V Q B D L A U G Z S A L
E B Y Z L J I B Í N U B O G I
I M O U O U S G U C B J P V J
D X H L F N K S B I S E C A N
K Y T N C C H D L Ó M I U E X
D A E É G Á N Í I N A S C I Ó
F K H I S C T A B Á R C A M E
J N U A S E A B Á R B A L A G
J X E K R O L H R R R F J H C
M N R A H F R O H A Z Q X Z L
V Y W X D M N O S L F Z M A X
O P V T A H I N Y E R B O S A

ABÁRBALA	ABÁRCAME	BILÍTERA
BÍNUBO	BISECAN	JUNCÁCEO
JUNCIÓN	JUNIOS	NÁRRALE
NASCIÓ	TÉSELOS	YERBOSA

L F C U J V H A K O V L E C W
P W O J N Q V F W U O G O J D
S J T H H H F P O I Z Q L O F
X I R K R V G A E D H L I F K
M X R F Q B O R I É L F O W H
I G X M T G J F K E E R S I N
S Q K W G V A C E L N D L E W
L V O A O P A N T E S U C F F
J J O K V S R V C S D Á K L A
K K N R A E C E C A R Í O I R
N F G R U E S A S P R B J D G
O Ó S P O R O F E M É I A F G
V E Q J U G G L E E L Z Á O Q
F R L A E O E T L L W I P I E
P B L V O B R O O J P O M O S

CARIÁIS   CARÍO   CÁRPELE
CASARSE   FORNECES   IDÉELES
IJILLO   ILUDAS   JUGGLE
LOBÉELO   OÓSPORO   OPANTES

X L W X J C R J Q H B C M T X
R M J H V O W T B Y K A R A U
J A I F L F G R X M V U K S D
V D D L B L O S T I G C C Y L
Y N P B U W S Z Z T L H J P B
I D A L I T O Z M J S C K D M
M I S S Q Z A D L A X H U U Y
A O M Y A J C R W C M C S H B
G T O V B S A A A G P T Ú N C
I P S C A W R L R S I R F A A
N E O X S B R K Y E T A R É B
A A G F T U E M S E N R Y W T
S Y X A A Z A B N S E I J W U
Y M A U S S N L B J T A Z G I
S G H B E S E Y O D B K M T V

ABASTASE	BIZCAREN	CARREAN
CARREJO	HÚRTENLE	IDALITO
ILUTARAS	IMAGINAS	MUSTIES
NASAS	PASMOSO	YETARÉ

J E J I H R W E I I U R L U B
D D O O E F H I S D N L R Z S
M E W X Y Q U R L J F Q K K V
Y D F Z J X E D O B S C E N A
N J A F C A V X Q Z H A Y Q R
A R F T A F B C J S Z R T Í D
E I F O R R A R Á G P R C P C
O Q Y I U V I B U A Y E J N J
S Q I Q L I I I G Z N T Ú M O
H J W V L T N Z B M F Ó N I A
S C L W A C M C E Ú D N A R V
G V W R H G U A S T E N T T X
B G A A H S S S Y E R B E R O
W S Y S Q M T T F L S X L D M
X C F V M S Z E O E R K A O M

BITARAS   BIZCASTE   CARRETÓN

CARULLA   FORRARÁ   GUASTEN

GUINCHA   ÍCENME   JÚNATELA

MÚTELE   OBSCENA   YERBERO

D D C U V O Q Z O D L R N C C
D C T Z Z T Y C E D S G V X D
Y F A A A O T Q U L G A L P I
E F O R M U L A S T X R N B S
U D W P T G Y V G O X R U D I
I X T T G É Q J U S T A R Á X
T P E J M L A C A R Q U I S D
H L N G X A B M S E G U D N T
V Z R C U B I T E M O S É B C
Z G B Q W A S N R K B O E Q T
O Q O F W R É J Í B Q Y S T P
S Y O X E R L N A N A A E Q M
P J E R A A E Z Í D O S L O S
J S A D U S L I D E Ó L O G A
N A F R C E A N Q M K P H V B

ABARRASE	BISÉLELA	BITEMOS
CARQUIS	CARTÉAME	FORMULA
GUASERÍA	IDÉESELO	IDEÓLOGA
ÍDOSLOS	JUSTARÁ	NANA

```
Z P T H Q I Z F A P N C K K Z
F D F B U N Y W B T Q T H F V
Z B E R F H L J L O F A P D R
C T F K P Ó C O D K A W L I V
T R Q H E Z S Z G Y Y R U P K
Z I D S M M E A H A D L X M C
G J E G B K W S M Y D N K F H
S L N A A Y P H T E R O D C N
A K O K L Q É U F V L Y N A J
K X M T S E T R D Ó X A R R T
G T I L A B E A R G R R M Í Y
Q U N W D X S S D A A J S Ñ W
V Q A B V C E Q N R M V A E A
J S W K C P I G Á X A E W L S
R L N B J U O N H R U V P E E
```

CARÍÑELE	DENOMINA	EMBALSAD
FÓRJALE	FÓSAMELA	HURAS
LÓESELA	LOGADO	NARANGO
NARRARÁ	PÉTESE	YÉRRAME

O Q M O X D C N L N U D L O Z
V W N R M Z M Y D I G A V Q S
D A W H E H D E V J V U Y E G
H P Z D G V D U K A N C T F X
R Q X R U J F A A D L G E X Z
W N J I J U N Í P E R O B P X
G K C C D Ú J Y A A W I Z W B
T A P C D C N M H N R Z B P B
S D B P A Á T T N R Q Q C N B
J J H A P R J T E X N I A I M
R Ú B O L P N M I L Q B R T B
T R L X L A E E U P A I T H P
K E A E E T R C G J T S U W X
S L I S R O H O A I D T J G W
S O R S H S N D N F E F O J J

ABAJAD   ABALARON   BIRREME
BLAIR   CARNEGIE   CÁRPATOS
CARTUJO   IJADEAN   JUNÍPERO
JÚNTELAS   JÚRELO   NÁPOLES

Z C E I B A K N Q A R I N Y L
C B V Q H E J S O N C X U W L
P W J N W T F O R R A J E H V
H D D O Z X Ó X N N K G B L L
S G A B C A R P A M O S V Z O
X D X B R J J D B X W R J D O
L X J J A O E I L U D A V X W
K X E Q T M L Q J H H J V N D
N N M D U M O U H Ú X B T P H
P A O D A B S Y Y M N M A V J
U W A D L T I A N A N T E S B
Y R A L A V L O B E Ó L E U N
É X F D D E N I E R N A Y S S
D T I N Z Z R S E H R T G D E
B K Y B P U I H S O A Z D J W

BILMADA   CARPAMOS   DEMUDARÉ
DENIER   FÓRJELOS   FORRAJE
HÚYALE   ILUDA   JÚNTESE
JUSTAD   LOBEÓ   NANTES

L F G B E U L J N I M E V V Z
B I Q T L Y T M A L K F Z E G
H C O C S Q A Z E X S P K R C
Y I E T E S K Y I M B I É I S
L N A P A B A L A N Z A Q Z M
D B S G I L Ú D E L E S O N H
Z M Z V P D K G F K Z Q W E K
F Y N B A B Á N A N O S I L O
U M D N A F I M A N A M O S Z
G X O Y F K O S Z F A T F W Q Z
G S S H U Y U Y A N A P E L O
V Y U J W W Q B A R A Z X G P
L O V O U C U R Q D Í A Q X T
Y M C I M V A A B A R A T A N
M P B M E N A G U A S S V S C O

ABALANZA	ABÁNANOS	ABARATAN
BISARÍAS	HUYUYA	ILÚDANOS
ILÚDELES	IMANAMOS	IMANARAN
IMBIÉIS	NAGUAS	NAPELO

C B A K H N S A Q U I R Z W P
J I X W V D B Q B B M S U E M
P C W N Q A G F U A D O T J Y
D F Z I N H W U R T E M F S Y
W Q N T C K O U L P K B A W R
B D É N O S L A F N L M X D N
Y I S P K O F H B P L Q T O K
S B Á É V K C J V J R A N M Z
H I E T E M B A U C A R A U R
P C C E R Í M R A Q R T U Y I
E U L N L I A I A G M G J E T
E Y P M C R C A R E E M O S W
B V E E L H T O P A F Q J E O
G L Z A A P P A U M C K I S Z
O V S L I G B E D L A Q J V V

ABANTÉIS	BÍLMELO	CAREEMOS
DÉNOSLA	EMBAUCAR	IÁTRICO
IBICUY	ICHAL	JURARLAS
MUYESES	NAUJOJI	PÉTENME

F X S P V M C Y Y A W A Y U S
O L U L I Q V R R D U D Q B H
L O J I Z G R E S V O H A U Y
F L C Z A X J P S U G A D B R
G N E Q P I Q A Q S J I R F J
V D I Y U P Q H H U R A N G Q
V R O D B D D E N E G R I Ó Y
O E P Z W O C A R G A D O K P
M A M Y D X R W B B D T H R C
E P U A L E N Z Á A I E M O G
Q T T R N I Ñ N N G S S V K L
C N I A P A A E W F I T E M Y
Z E L R N L S C M U T O Á L T
F B A Á E W C E O O G W W I O
S W R S I F G A S C S D J M S

ABÁNALES	ABASTÁIS	BISELO
CARGADO	DENEGRIÓ	DEÑEMOS
EMANASES	HURA	JUNAREN
MUTILAR	MUTO	YARARÁ

M D V N K W Q K C G W C X I B
C N D Y D E N O M I N Ó G J Q
K S B E P E J O X B A E G B G
S G W D S B Ñ Q S F W J V H W
X K B C R F C A R E N A B A V
X D S C J Q Q T S O B N H V L
C F R M U S U C O E W B I I W
T T Q B I Z C A N M I I F Q C
K P B S C A R R A L E S O B T
K W U I O N E Z C O C A R I É
C A F X W Y N D S H F R N T W
S E O Q H R H J H B H E A A V
K I E D T P T P B Z B I C R C
V U R B V Y K V X F G S E Í K
R R K W L M T M C K I Y A A Z

BISAREIS   BITARÍA   BIZCA
CARENABA   CARIÉ   CARRALES
DEÑASEIS   DENOMINÓ   FORNACEA
JUICO   MUSUCO   ONEZCO

H Z C T O U R H H S K Y H V T
J S I V X T X M M N B B P I J
I Q H E D F O R M I A T O D O
W X U P K J U R Z I G H N E E
I J A D V F D Q C M U A Z A H
L E V G U S U O A B A J A R Á
D Y R L A E J B R Ú X U V Á N
N J J L E A A M L Y M G A S P
Q Ú C N E J Q R E A O A S X O
X N K M A W X T A L L R N E J
H T W R I C A X S E E Á V D U
R E Á R N G U Í E L E N Y N J
F N J R V F O H L O F K Z C S
Q O D E F P N W T O E X V V X
T S G U Y V T Q M C E F G F O

ABAJARÁ	ABAJARÁN	BIZQUEEN
CARLEASE	FORMIATO	GUAXMOLE
GUÍELE	IDEARÁS	IMBÚYALE
JUGARÁN	JÚNTENOS	ONZAVAS

X Q E M U C Z U C C Y M S T D
I J M B Q H K I Z J T X N I W
Y Y F T A R H Q M E E I G I Q
S V Z V R M P N N N Q D L N Q
J X H G E B X W F W Y M C V B
F Y Z D A P X O J Y O A R I G
Q Y X B L E S I Ú K S E D N F
N J M T Z A G C M C L F P G X
V K Y C N Ü C U A B O O C Y F
D Q L D E V S R L G U R X C G
C I O G Z U A J E A C R V Z K
R G A F C S B V S M F A S G V
I B R A H I M E Y A L D B A L
X O O N E T T O L D X L M R F
X B N Á C E M E K U S E B T K

CASCARAS FORRADLE FOSANDO
GÜEGA IBRAHIM IGBO
IMBURSA JÚMALES LOARON
MUSUCA NÁCEME ONETTO

```
B S I K A Z U Q M I L Q Z W X
O V G C Y N Y R X F Y R X R T
T Z J L C F V G L O Á O S L A
O A K Z U B T O O O Q X U H R
P M K X K T B I G O R R O V F
Z K B R E T Y C A R N E R E A
A L L J X O R B N S A C Z P Y
O Z X M T L A I D E A D I L X
C O V L K L X E O M Z E A I R
G R L L É G N I G B M D D E R
Z X V E E O X A B A R C A R A
U G S P M X J I N Ú I B Z E Q
O E K I K I B B I L Ó C A L A
U D N Q P M Z Í C E N L A P K
Q O R C I O N B I N A Z Ó N T
```

ABALÉESE	ABARCARA	BIGORRO
BILÓCALA	BINAZÓN	CARNEREA
DENOMINO	EMBAÚLEN	ÍCENLA
IDEAD	LOÁOSLA	LOGANDO

Z X B J R Y Z C T L K Q E R E
D C I T A C Y K U W B W H U F
O R I B G Y B H T U P J Y O H
V L Q I N Y E M G Q G E X C T
D B Y G L M S B Y A D Y G K B
G M G N A R J C A R B X J C O
E S F A M E A B U H I A N N J
N O F V K Ú A N I O O A S Q Q
K L R O T R T F C G T N M Í É
I K C S R S Y E R M A R E J S
E D U A C Z M U N K S M B N B
G C C D R L U X R O V E I Q K
G A B P C G B D Y V S L C A C
C F B E H W A R O P A C A D S
P S N D A M A R A R A N F Y X

ABARRACA	ABASÍS	AMARARAN
BIGAMIAS	BIOTAS	CARGAR
FORZUDO	IGNAVOS	MÚTENOS
MYRIAM	OPACAD	YERMARE

Juegos # 88

H E C A R G O K B U T F N R K
K D Q A Z G F B I F L O R O S
X M I N R A D I M M K S Y E O
H S D J O E M R A B I Q F F T
J M M R N B T R G H D L E N P
P T T S Í I D I O H O L L O E
D J A B X L N Ó C B O G T A M
E B I B O M G N I O R A P E O
Ñ T L B B A R T G J N N B E J
A C U N O R O I P V B U I C B
R J D P U A U B R C I J V M K
E X I Q M N V Z H U G W M J U
I T M U X F Q R G N P J D H D
S M O I J I K M D T N Y P S A
H B S X J H G N Z X S N T J X

BIFLOROS	**BILMARAN**	**BIRRIÓN**
CARETICO	**CARGO**	**DEÑAREIS**
DENSA	**ILUDIMOS**	**IMAGO**
IMBÍBITA	**IMILLA**	**LOBITO**

H X W J L A V K L R Y S H X A
F G B Q B G F H V L W K M M J
I N Y R M Y U K D P C P R Y O
B T G K C Y F A G K O B A A T
Q W P K E U P H Y Z C L T R R
L H E R B M K A B A J A B A N
Y Z A W T H O B B V N U U X A
G I D G V E J Á A A X É R S C
S P T A G E S S Q Z N B S E E
E K G O O N O T A D A I P X D
X T O V N A M A E Z L I N E L
X F H I O U J L J R U V G O E
F A M Q T R F O Y C O P K H S
U X T Y A E P O D L V W L Y E
P U K I R N A D E L L A E Y M

ABAJABAN	ABANINOS	ABÁSTALO
GUAYANÉS	HUYERAIS	JURE
NACEDLE	NADELLA	NAUREN
ONOTADA	ONOTAR	TESTERO

H H T V B Y O K N T K Z W Y Y
S U B C E V H O V C U G V D Q
N B R H R C H G I S A C G S C
G T L J Z C E K P P K R G Q A
V B V G P I A X O D I U A R H
O G U L Y O T L N L Í B V L F
Q P M Q Y W H G U A T É A L E
D Q S A I I B S T S C C C I B
O E Y T P I I E L H A A A D I
P R K S S O L O A R L O R E C
C W M P N E C A L U N M R A Á
Q Q O O F U Y A T X V Z A R R
W S J A E U N I Y I X O Ñ N E
G O H L U C K O K P V L A O O
K P A C A I T G D H R O S S S

BISPOS   CARLANCA   CARRAÑAS
GUATÉALE   GUÍATELE   ICÁREOS
IDEARNOS   ILATIVO   ILUSIONO
LOARLO   LOCUELA   NACARAR

J E L P G D W A Y Y P C X Z U
K N X O O X X E E B A T M B B
S E D R W T T M C S B G Z E I
K Y T R Y R P C M R P P R L Z
I F Q T I P R Z T Y M Q P I R
N D V I C Y Q C N E G V X J M
G M B P H Ú Y A N L A S X A C
Z M B U Y D U G Y V X K N D V
C K S O B S C U R A M O P E O
A M A C E M C A R R O Ñ Ó Á Q
Ó H C A O A P Y L R Z W E I Z
B K N R R B C A R I S I A S M
N Z R N B H M B I N A S T E K
I E A F O R R E A R Á E M Y K
L L O W L R F O R J E E X F C

BINASTE	CARISIAS	CARNAL
CARROÑÓ	FORJE	FORREARÁ
GUAYABEO	HUSMÓ	HÚYANLAS
IJADEÁIS	NAUSEAN	OBSCURA

M N H U Y Q J R H D M Q L I B
O B W L V A C U Z J M O V G B
Q N B A M L R S K M X O B J C
I G U Q R T S T T Y J V X X R
F Z I L M O M P T Q Q D V Z X
L G R E L X W H A B A R L O É
I K M M G E W M U S I T A D P
U P P G P B I G U I T A R D V
K V T B I Í Í O S G B A W L V
T M S S M L O Z E Y U X N H A
H D A Q A M U C M D E D D B X
I O C B N E Q G U A R R I T O
S M B Y T L A U L R N Z B Ñ Z
K N T V E A D H K V M O Z E O
B H G V S S G O P É U E S J O

ABARLOÉ	BIGUITA	BÍLMELAS
BISAOS	BÍZMANOS	BIZMÉ
GUARRITO	GUDIÑO	IMANTES
MUSITAD	PASTAN	YERBEO

I O Z N I R M R S W C O V N U
C D J D V Ú O P Q Á H S A G J
J W É Y T Q O Q R O W B I E Q
U P J E J U P I A S E N X X Y
N E N X L U T K J B G J P M Z
T L C E P A N T E A A L X X Q
A B A S S B S I Z R D L T F N
S I R V W A N D N C W E E D P
E S R P Z J Y U W A J L A O F
Q A O G Z E B N F Y Q N D D S
X R C W Y S E D H S O V T J O
Y E H E V K X G E D Y N W W A
J S E X Z R B Q U G V Q C I G
S H C P Y W G S C G J X P R L
Q R F Q F T R E T P Y H I V F

ABAJES	ABALEOS	ABAS
BISARES	CÁRITAS	CARROCHE
IDÉELAS	IJADEADO	JUNINA
JUNTASE	JUPIASEN	MÚTENLA

B P G Y A E N N M K M U A V A
R R V J N C B T N N H O Q G K
B W L C Y T N R N U B F A Q K
I Z P P I R A G M S M O A L Z
O S V Z R V S T C X R T J P I
X M E H H V C L I G Y T N G I
O J K V S D G D A B I G U Á N
P C E F L Y F M B V B A F I N
G A B N F E D G Ü I L O N E S
U R N D Á S M O E E R I A H G
D T F J X C J B N R T B B H H
P E T A R Í A C A R T E A R É
F R N I Y M Q R E L R R N V K
A A B S C W Á C E L S A T A V
X S J P E N C T G S Y O O G H

ABANTO   BIGUÁN   CARTEARÉ
CARTERAS   DENSE   EMBALSO
FORRARÁN   GÜILONES   IBERA
IGUALEN   NÁCARES   PETARÍA

A P Y J P I W E O V E Z V Q H
Z A X O U G D D Y N J U I P F
K M T Q D R N B I G A R D E É
M Q H Y X R I L I L N J H P Z
L Q W L Y Z U L O S L X K G Y
D Y W S C S Z G L Y E K R D D
N C S A I P O W V O R L J G S
M B D V B P K G S L S T E G T
F M A É C Á R G A L A S X O K
E S Ú D N E L S R L I F F M D
O Y Z T L M A E M B E O D E W
J Q U Y E R E T N A R R E N B
X K P B W N E L H L H A R A F
A M M R A Z L Y A E A H V C W
O D C B Q P S E Z J G I S O C

ABÁLENLA   BIGARDEÉ   BISEL
BIZCADME   CÁRGALAS   DÉNMELA
EMBEODE   ILUSIVAS   JURILLOS
MÚTENLE   NACO   NARREN

S O C F B F X F N G T J K U O
N U Y R D H W W X D P J T I K
D N B W T Z V I E Y F U W Y O
J C F C U S M Y D S W T X G K
F O R R É A M E D O Q I Y Q V
X U N Q N L E M H Z I C Y U A
C H G A Q M X B K F P A X Z I
D C B V R A C A R R A Z Ó N Z
L A I Í T R Z R J G N E Y F S
N S Z N M E Z G U I A R E S I
Y C A D O A Z A R D R S S X Y
C A R Z B A N F U H I S R I S
D V R Q N X V A Á X C S H F R
N A Í Y O Y Q H S Q E N R K H
R C A X S R X P F S Ó U W X Q

BÍMANAS   BIZARRÍA   CARRAZÓN
CASCA   EMBARGA   FORRÉAME
GUIARES   IDOIA   IMANABAN
JURUÁ   NARICEÓ   SALMARE

P Q J P C R P X P K G V Q L Y
C A S E Í N A O O F H D U F Y
A B P T M Q E Z S H F P K V E
R N Q É G B I R L A M O S J W
Í V F N F K A I S Ó V U C U W
S I P W Q Y Y Y O T E B F M N
I L U S O R I O O O E L K J A
M D E N T A R I O N D N O D Q
A D I A A X J O H F A A X S D
F D F O R C E J E O V W N D X
U F D P T F U M F J A S N U U
D R P B L A N C A Z O H H D A
Y K U R B Í S A L A F I I V I
Y S E S J I A M B B C B W A Q
Q U E N Z U J D M O E Z O R I

BIRLAMOS	BÍSALA	BLANCAZO
CARÍSIMA	CASEÍNA	DENTARIO
EMBAYONA	FORCEJEO	IDIOTAS
ILUSORIO	LÓELOS	PETÉN

N E H R U S I T I C L R Q V I
V N B S O F F I X I Z S Q B W
I L W X V A P X B D C I Q G K
Y U Z A H N S R U N F C U U I
W S V P M W K K W W Ó E A O V
L B H N T M N A B A R E Q U E
H Z Z Y L Z N Q M R M Z S B Q
K H N O P P Y Í E X E W F I O
M E X Q H A G É C A S A R L O
Z H Y J H U G A B E E M Y A D
W Q F M A M S A G W M M Z B V
I Z B R C A L M B O K E I I O
Y Y E W R E F W O O F O A A S
A N J O A P Y M H S M X I L F
K T N D B S C G U A R I R L O

ABALEAD	ABAREQUE	BILABIAL
BIOMA	CASARLO	CASARON
FÓRMESE	GUAREN	GUARIRLO
GUERREÉ	HUSMOS	ÍCEME

M S G F W P T Y F V J V D J M
T G E T D Q E N L Y Y Z G D P
Z R K S H H M D M Y L I L T F
U Z H Q H T U E E C T K P J Y
M Z T W D I V R I M Z H J U W
Y X T H P D S U O F U J S Ñ A
F E I D G I B A I S S E Z I D
W R D T S C B B M P I A L M D
N C P J D A I A I N E B D O G
I R K O N R R R T E N A K S Ü
D F G E I E M R A B A L A R E
V Q A N T L K A R S I A E A L
Z S G G N J G J Á O F R R R S F
E A Q G F Y G É S J S Á T B O
E B T I K O M B D L F S H T S

ABALARÁS	ABALARE	ABANEASE
ABARRAJÉ	BIRINGA	DEMUELO
GÜELFOS	HUSMARE	IMITARÁS
JUÑIMOS	NAIFS	YERSIS

G O Z Z H K C F P F D G N J B
H Q U Z U S H X Q V G Y X L G
L C Y Y L O E Q B K P Z V K O
P C I J I Ó F X P S E F L B Y
W P B N B I G O T A Z O S A T
V L N H T L Z R R B R P M A U
B X Y E G U A S A M S J F N R
E P A J U T U T O L A O N E U
Y M B I S A D N O S O R N D E
P W A S J R E W T K V J Á N U
B M D Q P C N S S Z D J G S A
Í C E S E O E Y V L B K U E R
D C R D J A B A S T E C Í U I
L N N O S Q Q A Q V M M E C Z
J C E C Z G C L F X S X N E N

ABADERNE	ABASTECÍ	BIGOTAZO
BISADNOS	DENEB	FORMARÁ
GUÍEN	ÍCESE	ILUTAR
JUTUTO	LÓGRALO	YEGUAS

Soluciones

Soluciones

Puzzle #1

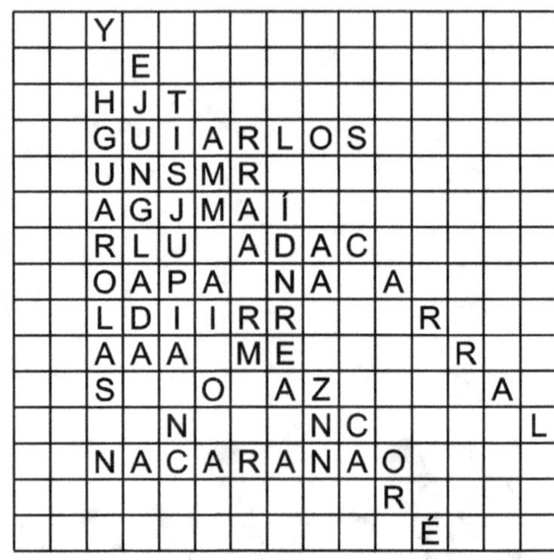

Puzzle #3

Puzzle #2

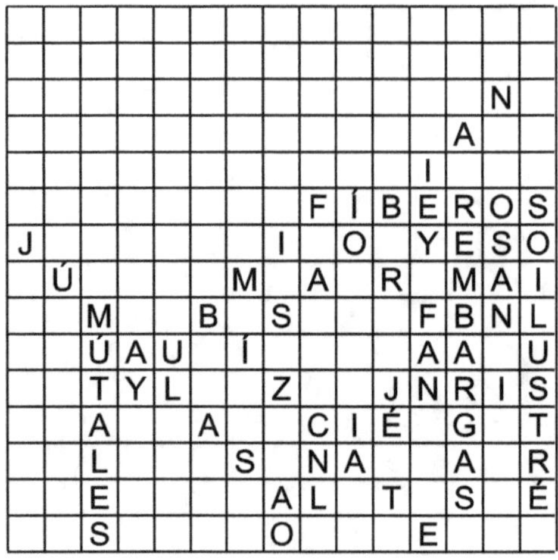

**Puzzle #4

Soluciones

Puzzle #5

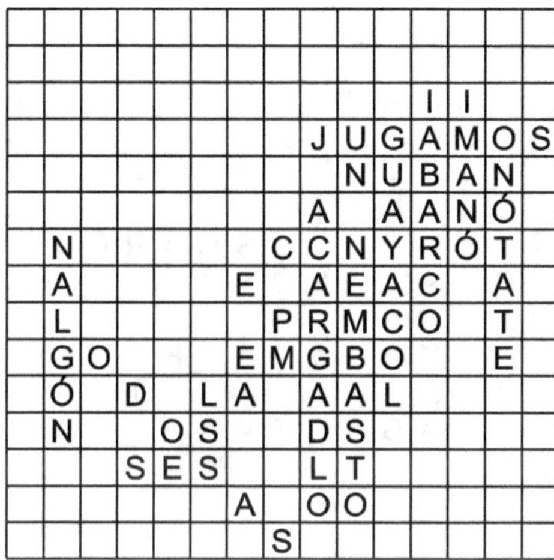

Puzzle #7

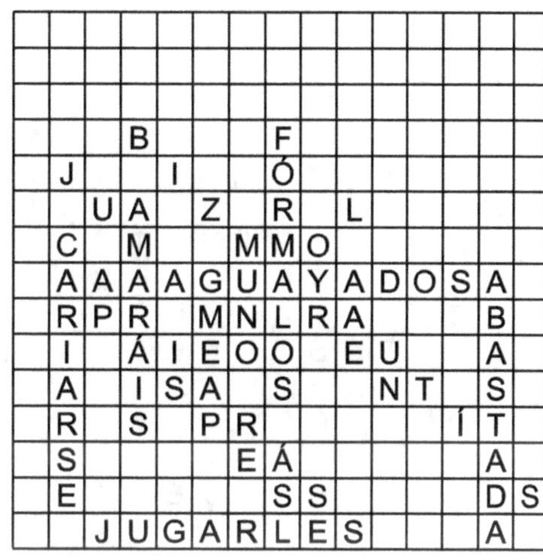

Puzzle #6

Puzzle #8

Soluciones

Puzzle #9

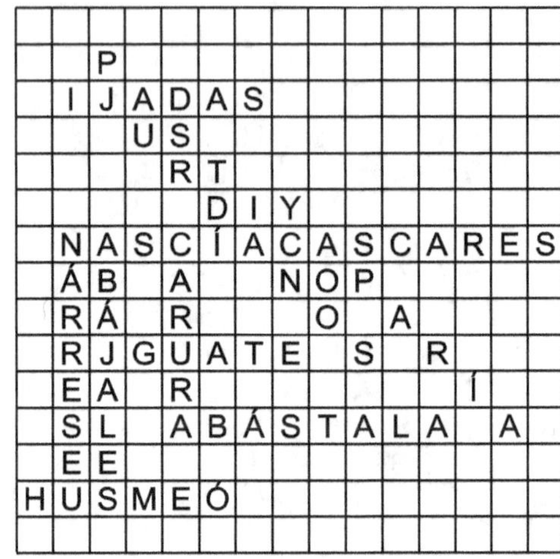

Puzzle #11

Puzzle #10

Puzzle #12

Soluciones

Puzzle #13

Puzzle #15

Puzzle #14

Puzzle #16

Soluciones

Puzzle #17

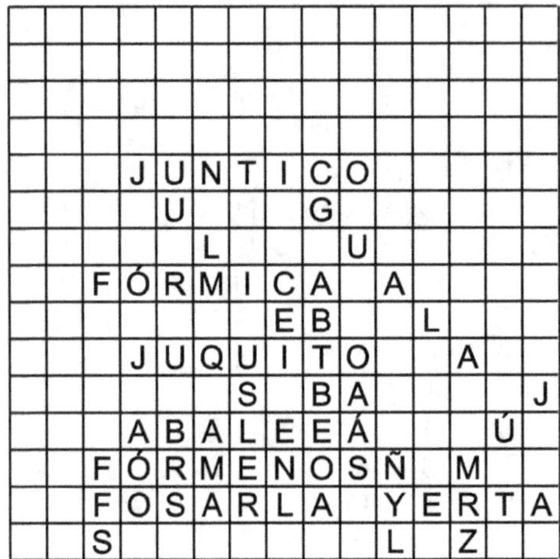

Puzzle #19

Puzzle #18

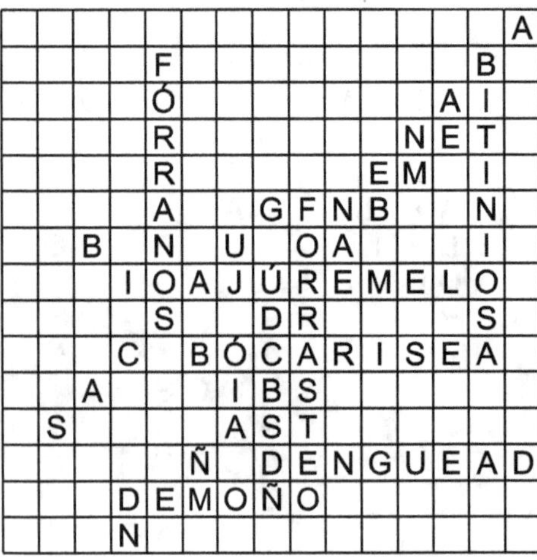

Puzzle #20

Soluciones

Puzzle #21

Puzzle #22

Puzzle #23

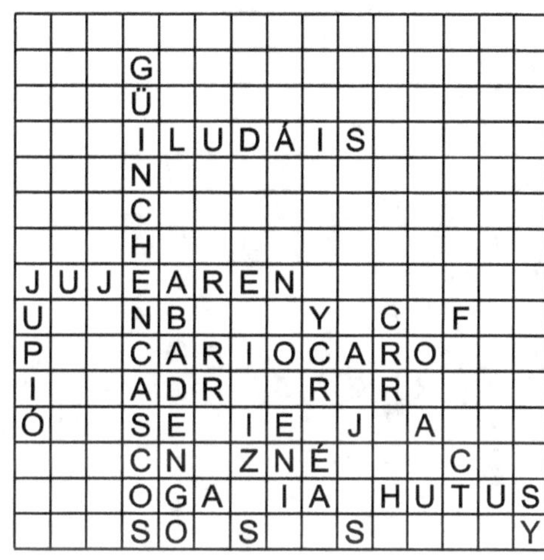

Puzzle #24

Soluciones

Puzzle #25

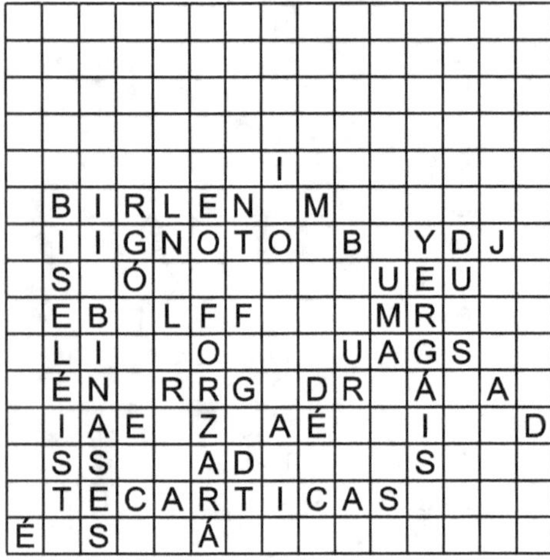

Puzzle #27

Puzzle #26

Puzzle #28

Puzzle #29

Puzzle #31

Puzzle #30

Puzzle #32

Soluciones

Puzzle #33

Puzzle #35

Puzzle #34

Puzzle #36

Soluciones

Puzzle #37

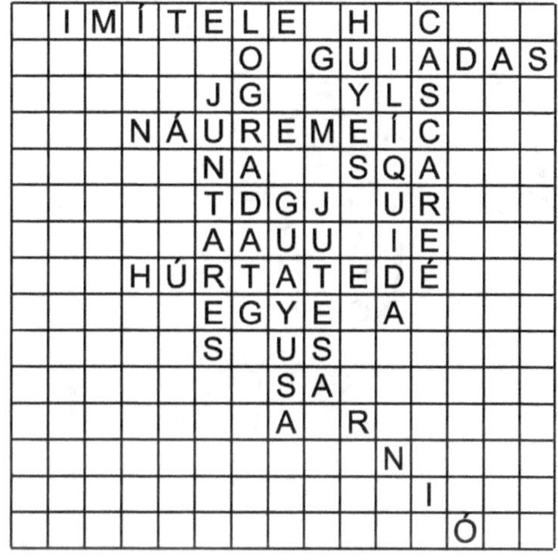

Puzzle #39

Puzzle #38

Puzzle #40

Soluciones

Puzzle #41

Puzzle #42

Puzzle #43

Puzzle #44

Soluciones

Puzzle #45

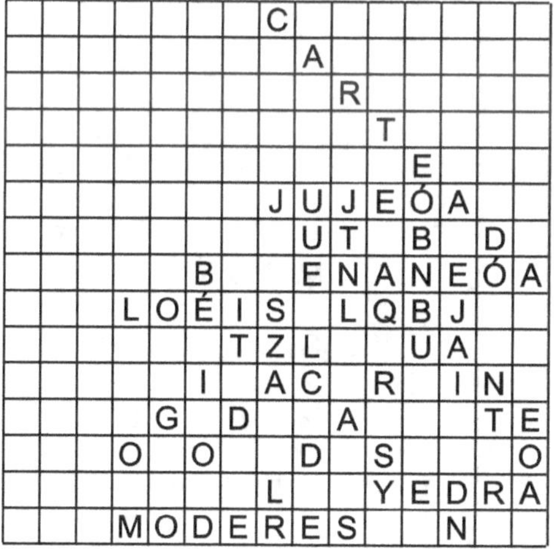

Puzzle #47

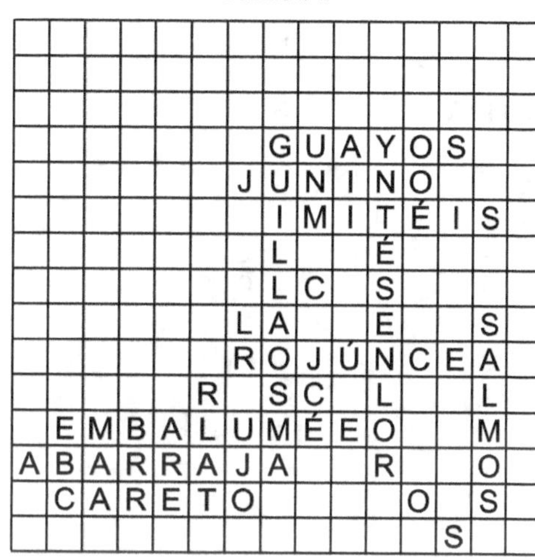

Puzzle #46

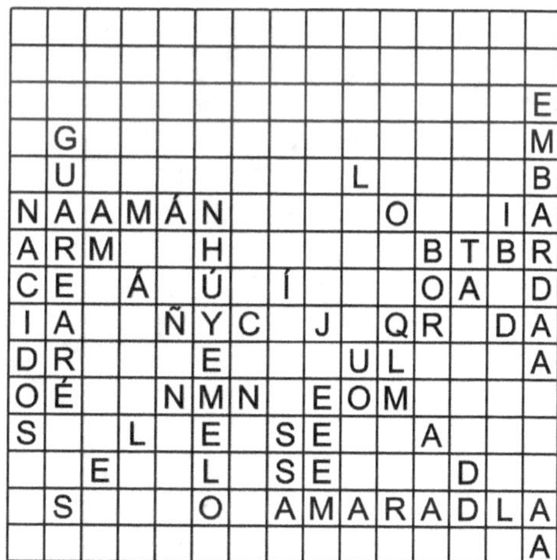

Puzzle #48

Soluciones

Puzzle #49

Puzzle #50

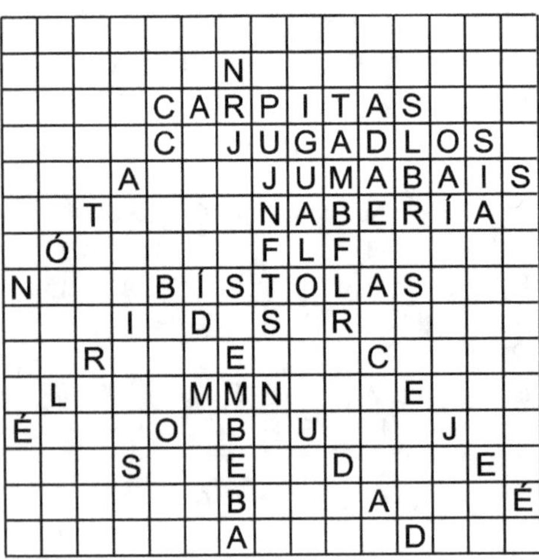

Puzzle #51

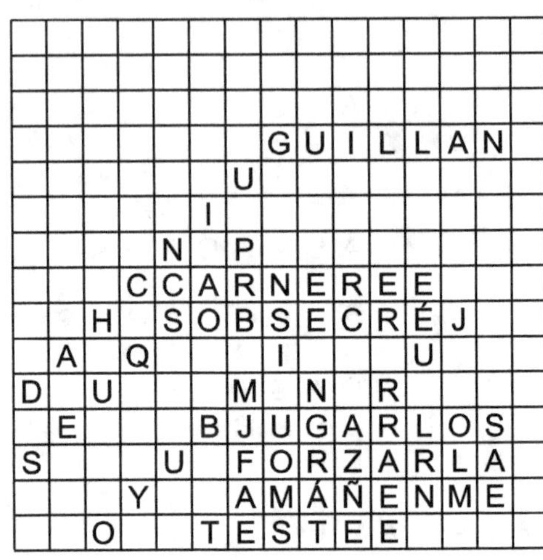

Puzzle #52

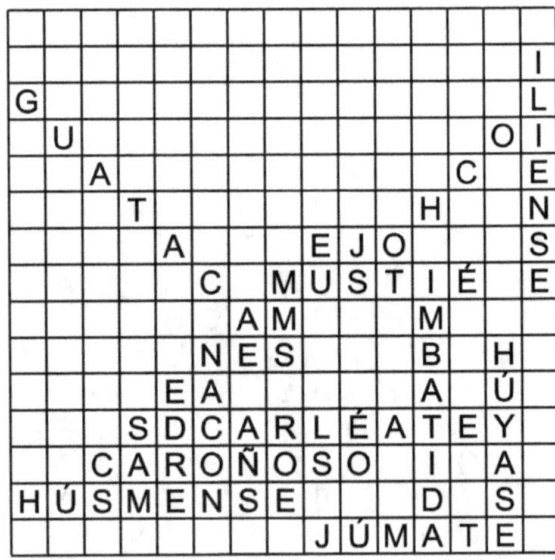

Soluciones

Puzzle #53

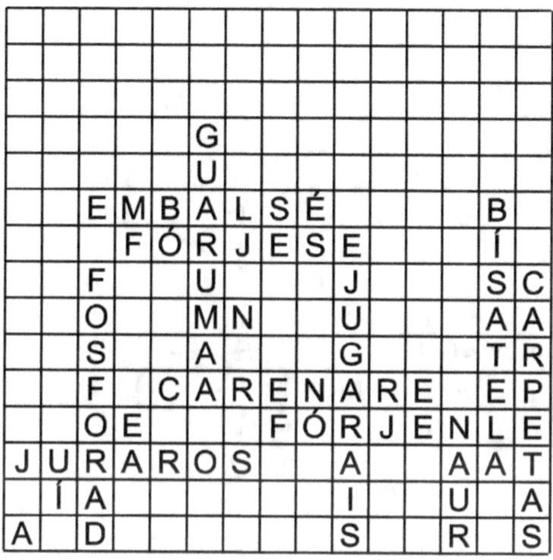

Puzzle #55

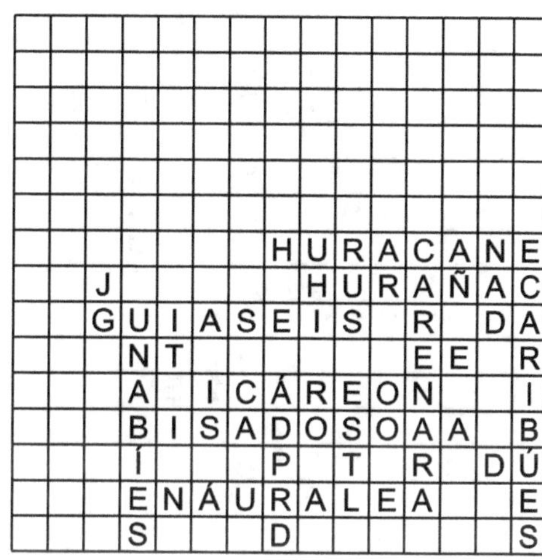

Puzzle #54

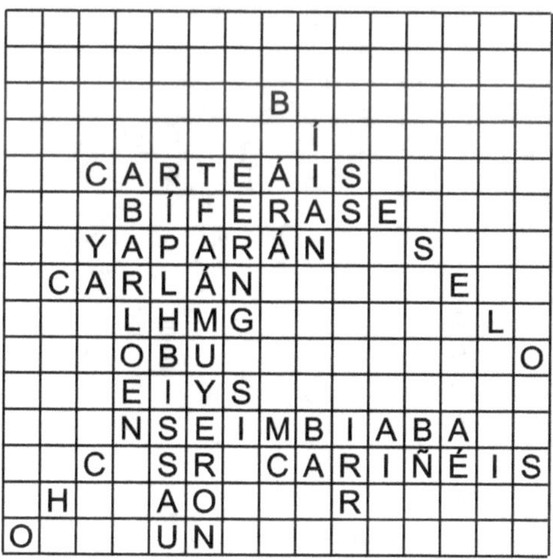

Puzzle #56

Soluciones

Puzzle #57

Puzzle #58

Puzzle #59

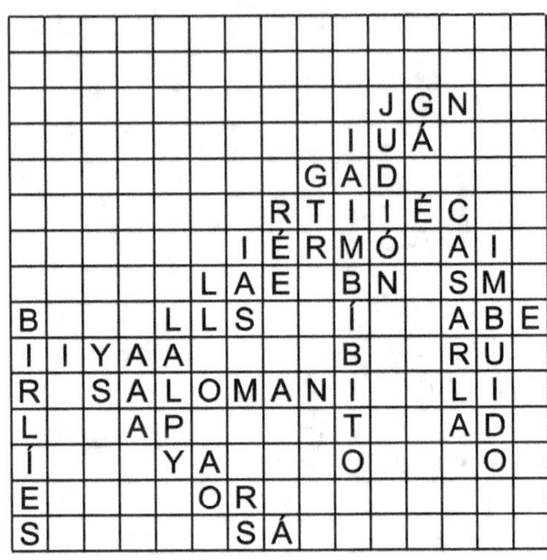

Puzzle #60

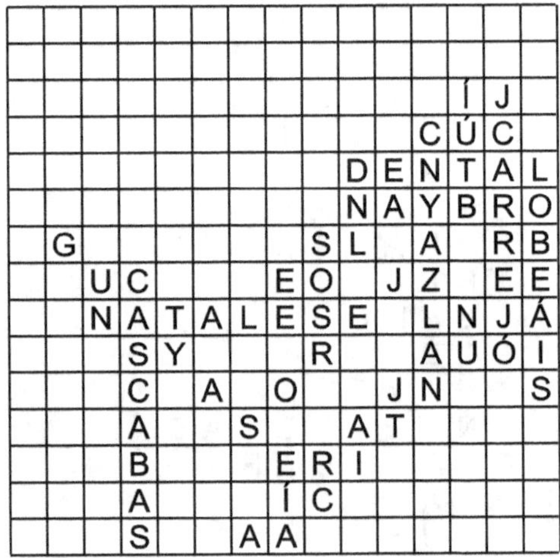

Soluciones

Puzzle #61

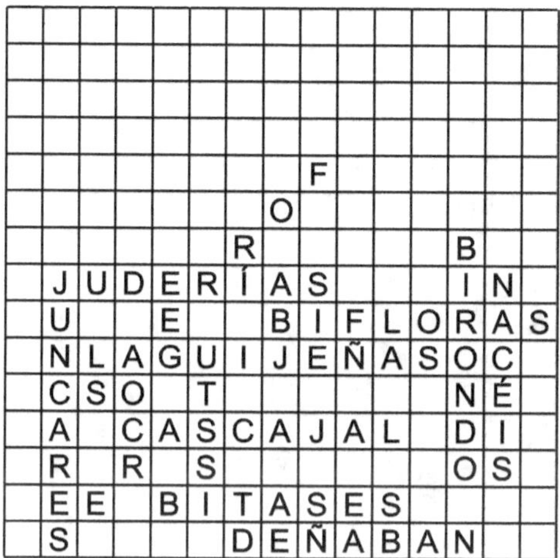

Puzzle #63

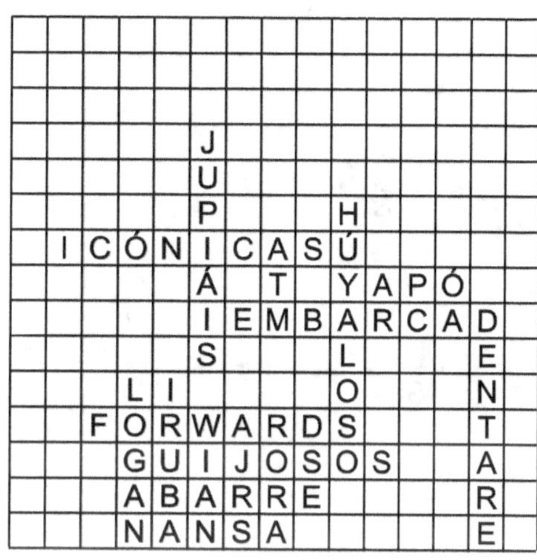

Puzzle #62

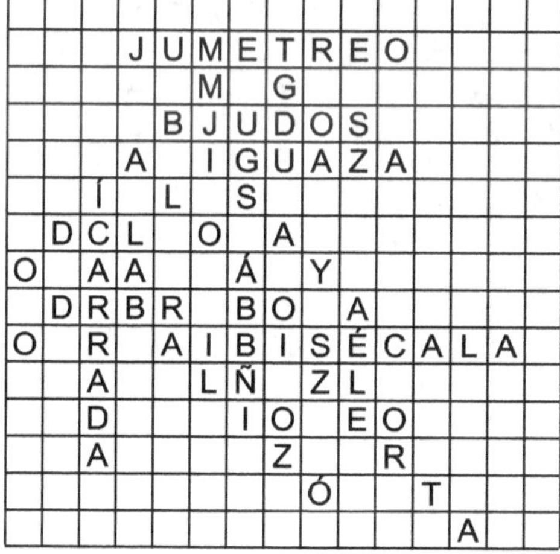

Puzzle #64

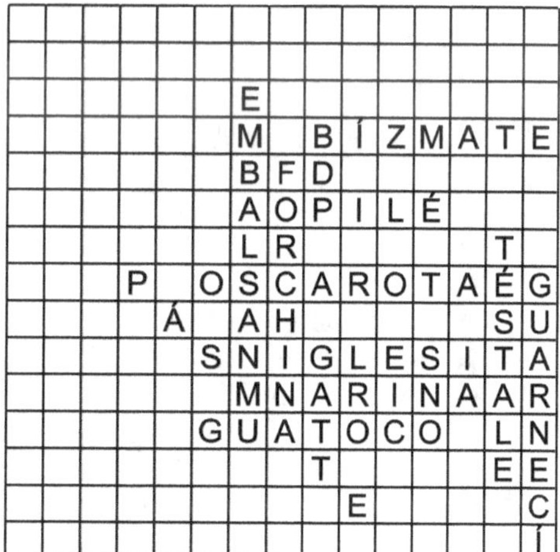

Soluciones

Puzzle #65

Puzzle #67

Puzzle #66

Puzzle #68

Soluciones

Puzzle #69

Puzzle #71

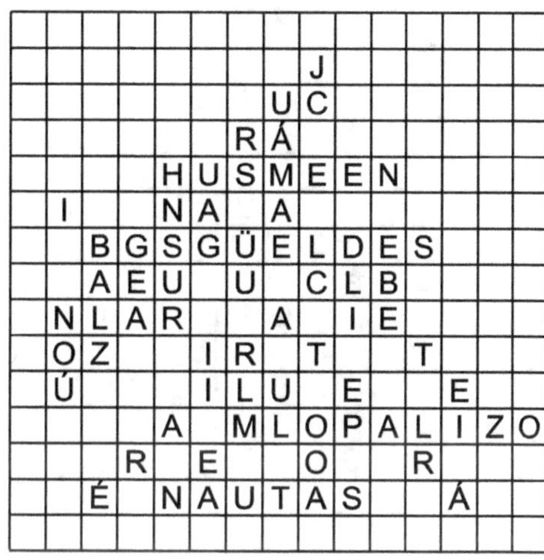

Puzzle #70

Puzzle #72

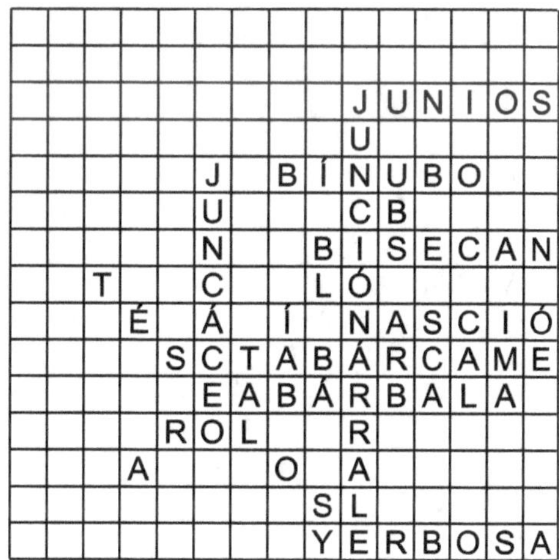

Soluciones

Puzzle #73

Puzzle #75

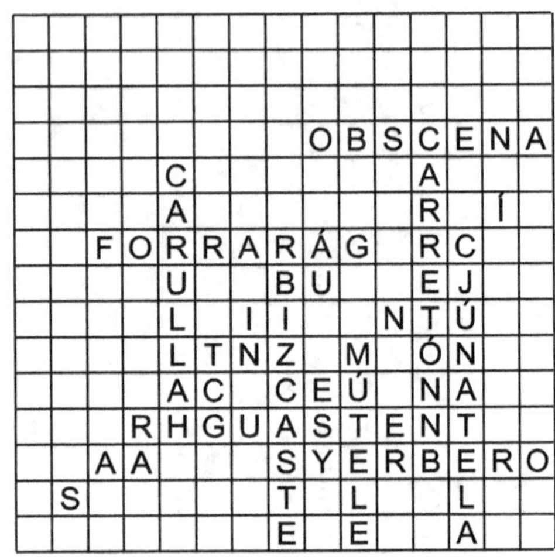

Puzzle #74

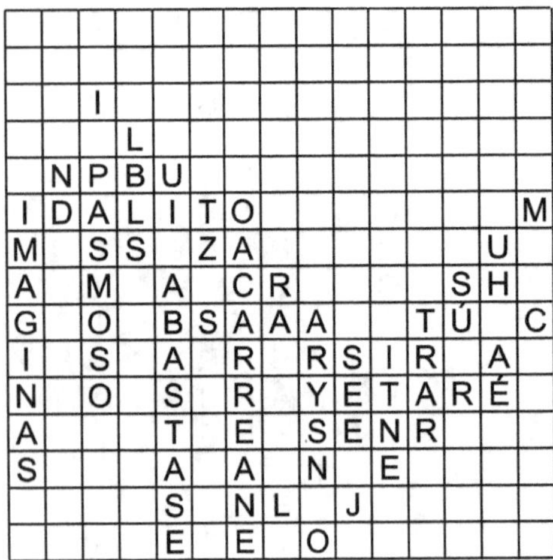

Puzzle #76

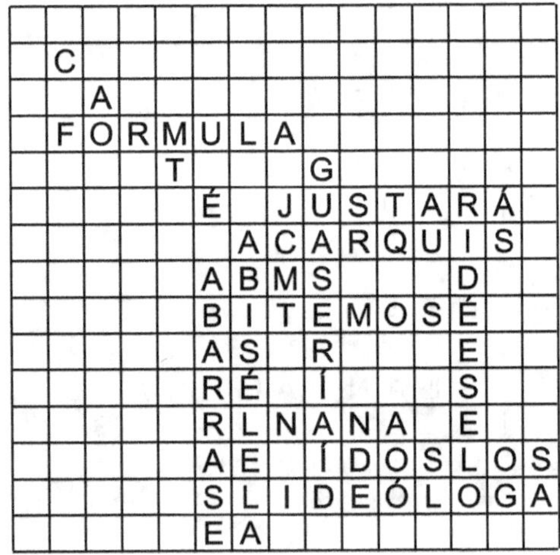

Soluciones

Puzzle #77

Puzzle #79

Puzzle #78

Puzzle #80

Soluciones

Puzzle #81

Puzzle #83

Puzzle #82

Puzzle #84

Soluciones

Puzzle #85

Puzzle #87

Puzzle #86

Puzzle #88

Soluciones

Puzzle #89

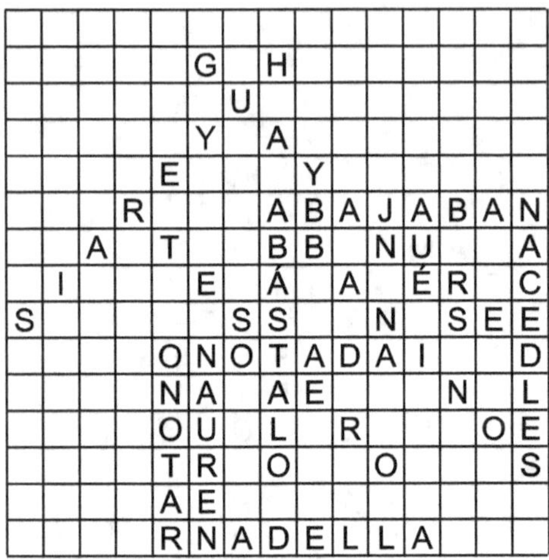

Puzzle #91

Puzzle #90

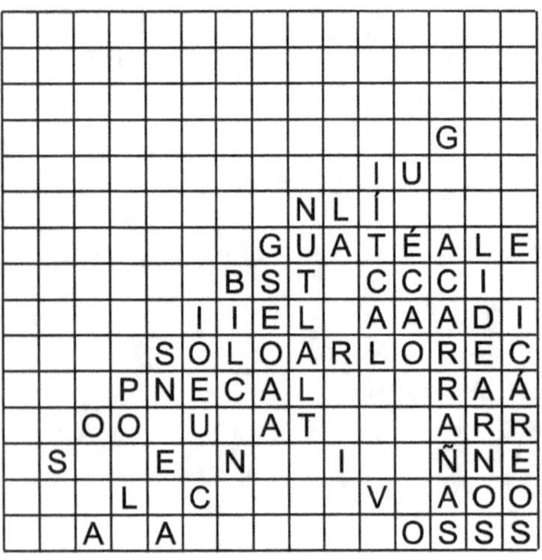

Puzzle #92

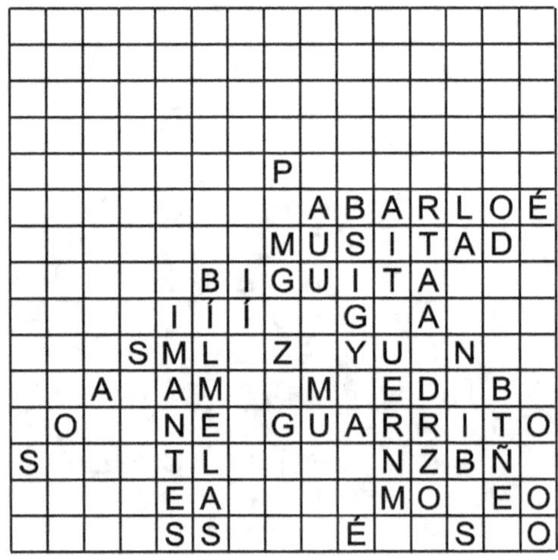

Soluciones

Puzzle #93

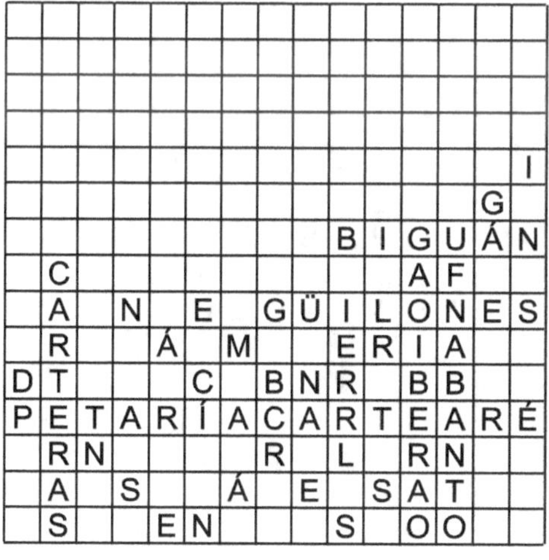

Puzzle #95

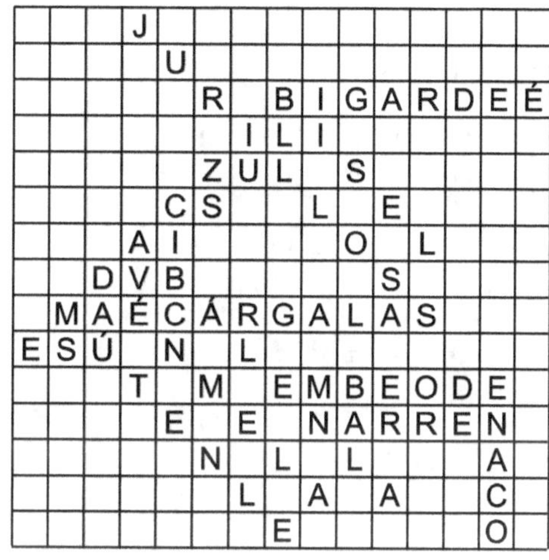

Puzzle #94

Puzzle #96

Soluciones

Puzzle #97

```
    P
C A S E Í N A
A   T M
R   É   B I R L A M O S
Í   N   A     Ó
S       Y     E
I L U S O R I O O     L
M D E N T A R I O N     O
A   I             A     S
  F O R C E J E O
    T
    B L A N C A Z O
    B Í S A L A
```

Puzzle #99

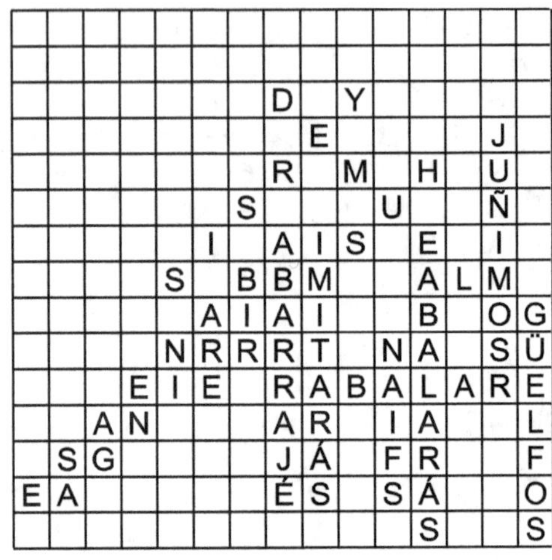

```
            D   Y
          E         J
          R   M   H   U
          S       U   Ñ
        I   A I S   E   I
      S   B B M     A L M
        A I A I     B   O G
        N R R R T   N A   S Ü
      E I E   R A B A L A R E
    A N       A R   I A     L
  S G         J Á   F R     F
E A           É S   S Á     O
              S         S
```

Puzzle #98

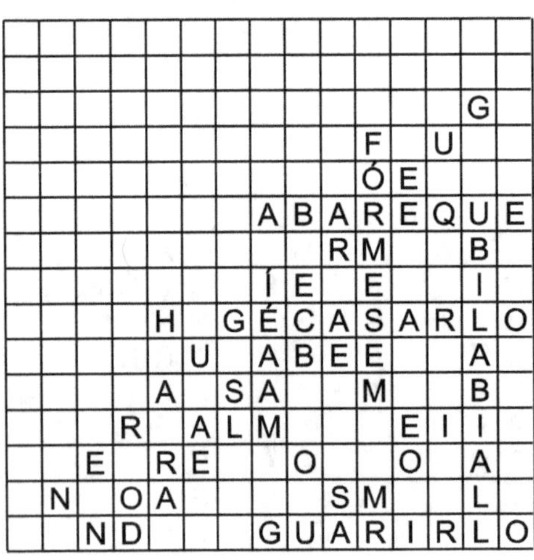

```
                    G
              F   U
              Ó E
        A B A R E Q U E
            R M       B
          Í E       I
      H   G É C A S A R L O
        U   A B E E     A B
        A   S A   M     B
      R   A L M     E I I
    E   R E     O     O A
  N   O A       S M     L
    N D     G U A R I R L O
```

Puzzle #100

```
        L
          Ó F
        B I G O T A Z O
          L     R R
    Y E G U A S A M
    A J U T U T O L A
    B I S A D N O S O R
    A       R E         Á
    D       N E         G
Í C E S E   N E         U
    R       E   A B A S T E C Í
    N E                 Í E N
    E                   N
```